Martina Mittelberger *Flurbereinigung*

EDITION PORTUS

1. Auflage 2009
© BUCHER Verlag Hohenems – Wien
www.bucherverlag.com
Alle Rechte vorbehalten

Konzeption
Angelika Mathis AM Gestalten

Fotografie Titelbild
Martina Mittelberger

Zeichnungen
Michael Bauer

Druck
BUCHER Druck Verlag Netzwerk

Bindearbeiten
Buchbinderei Konzett, Bludenz

Printed in Austria

ISBN 978-3-902679-66-6

Flurbereinigung

Martina Mittelberger

Die Katastrophe

Auf der Terrasse versammelten sich Menschen; ihre Schritte schwollen zu einem unrhythmischen Stampfen an, dann flog die Türe auf.

Der Wirtin im Gasthof Enzian schlug das Herz schneller. Die Experten und Sachverständigen sind gekommen! Fast zwei Wochen lang hat die Frau auf den hohen Besuch warten müssen. Jetzt würde man ihr endlich Gehör schenken und sie nicht länger als hysterische Alte abkanzeln, wie dies einige der Bauern hier im Gfäll taten. Von dem Dutzend Einwohner, das diese abgelegene Parzelle bewirtschaftete, war ihr bloß Hohn und Spott zuteil geworden. Sogar in der Amtsstube von Scheiblegg, dem rund zwei Kilometer weit entfernten Dorf, hatten ihre Beobachtungen nur Belustigung hervorgerufen. All ihre Bedenken und Warnungen ignorierend wurde sie damals vom Bürgermeister einfach ins Gfäll zurückgeschickt.

Um die Herren nicht zu verärgern, verkniff sich die Wirtin eine Bemerkung über den Dreck, den die Männer mit ihrem groben Schuhwerk in die Gaststube trugen. Sie brannte darauf zu erfahren, welche Meinung sich die Fachleute beim Lokalaugenschein im Gelände gebildet hatten. Erwartungsvoll blickte sie in die Runde.

»Und?«, fragte sie.

»Einen großen gespritzten Apfelsaft!«

»Mir auch!«

»Nehm' ich auch!«

Ihren enttäuschten Gesichtsausdruck falsch deutend, schlug der Geologe vor: »Bring einfach ein ganzes Tablett voll, wir haben ordentlich Durst!« Danach beugte er sich über eine Karte mit wirren Linien und Signaturen, die wie Schnittmuster verschiedener Landschaften durcheinanderliefen und beachtete die wartende Frau nicht länger.

Als die Wirtin das schwere Tablett am Tischrand absetzte, hob niemand den Kopf. Alle Augen folgten der Spitze des Kugelschreibers, die, von Geologenhand gesteuert, den seltsamen Linien entlangeilte. Die Wirtin schob das Tablett weiter gegen den Kartenrand bis sich das Papier auffaltete und der Kuli mit einem blauen Strich vom Kurs abglitt.

»Äh, danke Anna«, sagte der Geologe irritiert und nur kurz zur Wirtin aufblickend.

Damit ließ sich die Angesprochene nicht abspeisen.

»Vor zwei Wochen hab' ich es gesehen«, hob die Wirtin in unheilvoll drohendem Ton zu erzählen an. Da ihr niemand Aufmerksamkeit schenkte, fuhr sie mit übertriebener Lautstärke fort: »Mit eigenen Augen gesehen! Der Herrgott steh' mir bei! Mit eigenen Augen!«

»Ist ja schon gut, Anna«, versuchte der Bürgermeister zu beschwichtigen.

Doch die Wirtin war nicht mehr zu bremsen. Unaufgefordert ließ sie sich auf die Bank fallen und berichtete, wie sie vierzehn Tage vor Pfingsten, übrigens dem letzten Pfingstfest in diesem Jahrhundert, nach der sonntäglichen Messe in Scheiblegg zurückgekommen und ihr Blick auf die kleine Kapelle neben dem Wirtshaus gefallen war. »Blumen fehlen für Christi Himmelfahrt«, stellte Anna damals fest und dekorierte die beiden Fensternischen gedanklich mit Enziangestecken. Von dieser Vorstellung beseelt, stieg sie nach dem Mittagsschlaf über die Gfäller Almwiesen Richtung Feuerkogel hinauf. Enziane gab es keine. Der massive Neuschnee vom April hatte die Natur um Wochen zurückgeworfen. Obwohl im Dorf unten die Wiesen lange schon grünten, lugten hier erst Krokusse und Soldanellen neben den braunen Rändern der Schneeflecken hervor.

Eigentlich hätte Anna umkehren können, doch eine seltsame Unruhe trieb sie weiter voran. Als sie am Fuß des Feuerkogels anlangte, legte sich ein Wolkenschatten über den Berg und die frühlingshafte Stimmung verfinsterte sich. Gleichzeitig ertönte ein Knurren wie von einem wilden Tier. Anna wandte sich erschrocken um, konnte aber keine Richtung ausmachen, aus der die Bedrohung kam. Das Geräusch schien im Boden gefangen; eine ungestüme Kraft grollte und rumorte im Bauch der Erde und ließ die zarten Stängel der Soldanellen erzittern. Voller Angst hob Anna den Blick zum Himmel und sah die Felsnadel des Gipfels wie einen mahnenden Zeigefinger hin und her wackeln. In Panik bekreuzigte sie sich und wandte den Blick rasch ab. Nahm dann aber allen Mut zusammen, schalt sich selbst ein einfältiges Weib und richtete ihre Augen erneut auf den Feuerkogel: Stoisch und unbewegt ragte der Berg in den Himmel und kein Geräusch durchbrach die Stille. Anna wischte sich erleichtert den Schweiß von der Stirn, kehrte dem Feuerkogel den Rücken zu und setzte zum Heimweg an. Da vernahm sie hinter sich ein unheimliches Ächzen und Knarren, als ob sich Bäume aneinander rieben. Ein kaltes Grauen packte sie im Nacken. Wie ferngesteuert drehte sich Anna um, starrte auf die Tannen am Fuß der Felswand, von wo das Stöhnen zu kommen schien und schrie entsetzt auf: Eine Gruppe von Bäumen schwankte und kippte in Zeitlupe zur Seite, so als wollte sie vor dem unheimlichen Berg fliehen! Und während die Wirtin gellte und gellte, dass man es bis ins Gasthaus hinunter hören mochte, richteten sich die Bäume wie von Geisterhand wieder gerade auf.

Stunden später lieferte der Pächter der Meinhofalpe die völlig verstörte Frau im Gasthaus Enzian ab. Annas Mann hieß sie zwei Schlaftabletten einnehmen und brachte sie ins Bett. Die wiederholten Schilderungen seiner Frau beunruhigten ihn und noch am selben Tag stieg er zum Feuerkogel auf, konnte aber nichts Ungewöhnliches erkennen.

Tagelang beschwor er seine Frau, den Mund zu halten. Der Meinhofpächter hatte bereits genug Gerede in Umlauf gebracht. Zur Schonung von Annas Nerven, so lautete die offizielle Rechtfertigung, ließ der Wirt das Heute-Ruhetag-Schild an der Tür des Enzian hängen. In Wirklichkeit aber schämte er sich. Anna faselte weiterhin wirres Zeug von drohendem Unheil und Anzeichen, die sie überall in der Landschaft zu erkennen glaubte. Da ein schiefer Baum, dort ein Spalt im Erdreich. Und immer wieder der Feuerkogel, den sie minutenlang wie besessen anstarren konnte, um anschließend zu behaupten, dass der einstmals eben in das Kar getretene Wildwechsel plötzlich um einige Meter versetzt sei.

Manche der Phänomene ließen sich jedoch nicht leugnen. Oder waren die Gfäller durch den Vorfall bloß sensibilisiert? Hatte es den Riss in der Seitenwand der Kapelle schon vorher gegeben? Ächzte der morsche Dachstuhl der Meinhofalpe bereits in den vergangenen Wochen so furchterregend? Warum drohte das Quellwasser trotz der Schneeschmelze langsam zu versiegen?

Anna ließ sich von den Bitten ihres Mannes nicht abhalten, ihre Ängste unters Volk zu bringen. Ganz im Gegenteil, die Wirtin fühlte sich geradezu verpflichtet, die Menschen zu warnen und versuchte, diese Mission sowohl beim Pfarrer als auch beim Bürgermeister zu erfüllen. Vergeblich. Niemand nahm sie ernst.

Donnerstagnachts kam der Beweis. Der Strom fiel aus. Anna hatte am Abend zuvor auf ihrer Wahrnehmung beharrt, dass das Kabel zwischen den beiden Masten links und rechts der Kapelle weniger weit durchhinge als im Winter. Ihr Mann ließ daraufhin die Schachtel mit Schlaftabletten als stumme Empfehlung neben dem Zahnputzbecher liegen. So konnte Anna das eigenartige schlurfende Geräusch am Dachboden über der Schlafkammer nicht vernehmen. Sie bekam auch nicht mit, dass ihr Mann, nervös geworden, angespannt lauschend im Bett lag und beim nächsten lauten Knacks hochfuhr. Mehrmals patschte er mit der flachen Hand auf den Lichtschalter, aber es blieb dunkel. Und still. Unheimlich still. All die Ängste und düsteren Ahnungen, die er seiner Frau vergeblich hatte ausreden wollen, fielen über ihn her und hatten ein leichtes Spiel mit ihm. Sie stießen den zitternden Mann unter die Decke zurück und bewegten seine Lippen mit immer denselben stummen Gebeten.

*

Die Arbeiter der Energiegesellschaft stellten in den frühen Vormittagsstunden mit Erstaunen fest, dass der Hausanschluss des Gasthofs Enzian aus der Verankerung gerissen worden war. Noch größer war ihre Verwunderung, als sich zeigte, dass das Kabel viel zu kurz war, um wieder am Gebäude befestigt zu werden. Sie mussten vorerst unverrichteter Dinge wieder abziehen. Schnell machte der Vorfall im Gfäll die Runde. Plötzlich wusste ein jeder von geheimnisvollen Dingen zu berichten. Niemand befürchtete mehr, mit der als hysterisch verlachten Anna in einen Topf geworfen zu werden. Schließlich war der Beweis erbracht. Etwas war im Gange. Und die Fensternischen der Kapelle quollen von frischen Blumen über.

*

Nur einer beteiligte sich nicht an den Theorien und Spekulationen: Der Kalbtaler. Er hatte weder etwas Eigenartiges gehört oder gesehen, noch ließ er sich von der plötzlichen Frömmelei anstecken. Er war in diese entlegene Parzelle am Fuß des Feuerkogels gezogen, um in Ruhe gelassen zu werden. Seine Thesen und pseudophilosophischen Ausführungen waren ohnehin für ein anderes Publikum bestimmt.

Der Kalbtaler knüpfte seine ideologischen Netzwerke quer durch Europa und bis hinunter nach Südafrika. Obwohl im Gfäll seine Umtriebe und Veröffentlichungen, die ihm sogar mehrmalige Gefängnisaufenthalte eingebrockt hatten, bekannt waren, nahmen die Leute keinen Anstoß daran. Unter Wiederbetätigung oder Verharmlosung des Hitlerregimes verstand man hier keine Straftat, die jemand hinter Gitter bringen musste. Der Kalbtaler redete bloß oder schrieb politischen Kram für irgendein Schundblatt, aber er tat ja niemandem etwas. Zudem war sein Häuschen mit den blutroten Geranien ein Blickfang inmitten eines Gartens, bei dem die Frauen nach dem Kirchgang oft bewundernd stehen blieben. ›Wie gepflegt die Rabatten doch sind, wie mit der Schere geschnitten der Rasen und wie niedlich die zwei Gartenzwerge!‹, so oder ähnlich schwärmten sie noch im Weitergehen.

Im Gegensatz zu seinem früheren Wohnsitz wurde der Kalbtaler im Gfäll nie als Nazi beschimpft. Das Abfälligste, was je über ihn am Stammtisch im Gasthof Enzian zu hören war, kam von den Männern und bezog sich auf Kalbtalers deutsche Herkunft: Den *Piefke* hieß man ihn dann, um dem Neid auf das großkotzige Allradauto ein Ventil zu bieten.

Es gab neben dem Deutschen noch eine Familie, deren Stammbaum nicht im 10-Kilometer Umkreis von Scheiblegg wurzelte. Ihre vielen Kinder, niemand im Gfäll konnte sich mehr genau entsinnen, ob es vier, fünf oder sechs gewesen waren, wohnten mittlerweile irgendwo im Land, wie man das übrige Vorarlberg bezeichnete. Die Alten sah man hie und da im Labyrinth der meterhohen Bohnenstangen umherirren. Sie gingen gebückt und wurden des wuchernden Unkrauts und Gestrüpps nicht mehr Herr. Das baufällige Haus inmitten des ungepflegten Gartens bot einen trostlosen Anblick, zum Glück lag es ein gutes Stück unterhalb der Landstraße. Wenn die zwei Alten ihren Fiat die abschüssige Zufahrt hinaufquälten, stieg der Staub wie eine Rauchsäule auf und war meist vor dem Auto an der Straße angelangt. Und obwohl der fluchende Kalbtaler sofort die Fenster zuschlug, drang stets etwas von dem feinen Schmutz in sein Heim ein. Seine Einfahrt hatte er längst asphaltieren lassen, aber die Hauptquelle des Drecks blieb dort unten bestehen.

*

Die Wirtin hockte immer noch neben dem Bürgermeister. Während der Schilderung der sich wieder aufrichtenden Tannen hatte sie plötzlich ein Zittern erfasst und ihre Worte in hilflosen Tränen erstickt. Langsam lichtete sich ihre interne Geräuschkulisse aus Schluchzen, Rotzen und Herzpumpern und sie schnappte Gesprächsfetzen des Geologen auf.

»…Mergel, Tonsteine und aptyche Schichten befinden sich in chaotischen Ablagerungen…«

»Karfreitagseier«, murmelte sie.

»…neben wasserführenden Schichten, die sich zu Gleitmassen entwickeln, existieren spröde Teilkörper mit brüchigem Versagensmuster…«

»Sieben Karfreitagseier mit je einem Vaterunser.«

»… Anrisskante unterhalb des Feuerkogels muss beobachtet werden, um …«

»Dort hinein habe ich die Eier geworfen!«, schrie die Wirtin plötzlich auf.

»Welche Eier denn?«, fragte der Bürgermeister entnervt, der weder Annas Sätzen noch dem Geologen hatte folgen können.

»Karfreitagseier, damit sich der Boden wieder schließt und das Böse drinnen bleibt!«

Die Experten blickten hilfesuchend den Bürgermeister an, damit dieser Anna irgendwie ruhigstelle.

»Geh' Anna, nimm einen Schluck Wasser, das beruhigt«, sagte er in übertrieben mitleidig klingendem Tonfall und schob sie von der Bank.

»Aber das Wasser kann man nicht mehr trinken«, widersprach die Wirtin und blieb trotzig neben der Bank stehen. »Es ist seit gestern ganz trüb.«

Ohne es beabsichtigt zu haben, genoss sie plötzlich die ungeteilte Aufmerksamkeit des Hydrologen.

»Bringen Sie uns eine Probe, bitte«, forderte sie der Beamte des Wasseramtes auf.

Die höfliche Anrede wirkte wie ein Energieschub und Anna war im Nu mit einer bräunlichen Suppe in einem Halbliterglas zurück.

»Man kann damit nicht einmal mehr die Zahnprothese spülen«, beklagte die Wirtin, »die Sandkörner scheuern einen wund!«

»Also hat es die Meinhofquelle schon erreicht. Verdammt!«, konstatierte der Geologe mit einem Blick auf das Glas, ohne auf Anna einzugehen.

»Wir werden veranlassen, dass der Enzian mit einer provisorischen Wasserleitung versorgt wird«, versprach der Hydrologe und griff zum Mobiltelefon.

»Damit du uns das nächste Mal nicht ohne Zähne bewirten musst«, sagte der Geologe zu Anna, um die Zeit des Telefonats zu überbrücken. Als er bemerkte, wie dankbar die Wirtin reagierte, fügte er leise hinzu: »Übrigens, es kann durchaus vorkommen, dass sich Bäume wieder aufrichten. Unterhalb des Feuerkogels ist ein Stück Waldboden einige Meter weit abgerutscht, samt Tannen. Möglicherweise hast du genau in dem Augenblick hingesehen.« Die Wirtin wurde rot, als hätte man ihr ein anzügliches Kompliment gemacht. Für sie schwang ein Hauch Erotik in der sanften Stimme des Geologen mit, die sich wie Balsam über die Wunden des Ausgelachtseins legte. Am liebsten hätte sie den bärtigen, ziemlich grimmig wirkenden Mann umarmt. Und war aus Scham vor diesem Wunsch errötet.

Die Herren bezahlten und eilten zum Parkplatz hinab. Es hatte zu regnen begonnen. Anna stand in der Tür und sah den Rücklichtern nach, die im Nebelschleier verblassten. Donner grollte und die Tropfen schwollen an, fielen nicht einfach mehr vom Himmel herab, sondern wurden von einer unsichtbaren Gewalt derart gegen den Boden geschleudert, dass die Pfützen aufschäumten. Aus den Hängen, die noch von der

Schneeschmelze gesättigt waren, quoll das Wasser hervor und sammelte sich in braunen Bächen. Jede Windböe schien aus der Landschaft noch mehr Flüssigkeit zu pressen und Anna kam es vor, als ob die Fluten plötzlich aus dem Boden drangen, anstatt vom Himmel zu strömen. Und da vernahm sie wieder das bedrohliche Knurren, dieses warnende Rumoren und Zittern unter ihren Füßen. Gleichzeitig bewegte sich ein Licht auf sie zu. Anna bekreuzigte sich, warf einen letzten Blick auf den tanzenden Schein und knallte die Haustür hinter sich zu. In der Gaststube suchte sie verzweifelt Streichhölzer, um die Kerze im Herrgottswinkel anzuzünden. Da sprang die Türe auf und eine heftige Bö fegte die Servietten von der Anrichte.

Anna fuhr zusammen und starrte die schwarze Gestalt im Türrahmen an.

»Was schaust denn so blöd?«, fragte Josef, ihr Mann, und nahm den Sturzhelm vom Kopf. »Siehst mich kommen und schlägst mir die Tür vor der Nase zu! Bring mir lieber ein Handtuch, ich bin klitschnass. So ein Sauwetter.«

Anna reichte ihm wortlos ein Geschirrtuch, der erlittene Schreck schnürte ihr immer noch die Kehle zu.

»Sind die Herren schon weg? Was haben sie gesagt?«

Erst jetzt fiel Anna ein, dass ihre Frage nach der Situation im Gelände unbeantwortet geblieben war.

»Apokalyptische Schichten und nörgelnde Tone müssen sie beobachten«, fasste sie das Gehörte zusammen. Und da ihr Mann sie so eigenartig musterte, fügte sie schnell hinzu: »Das Wasseramt legt uns eine neue Wasserleitung und der Geologe ist ganz ein Netter.«

»Und wie geht's weiter?«

»Mit wem?«, fragte die Wirtin und wurde gegen ihren Willen rot.

»Na mit uns, mit dem Dorf? Besteht eine Gefahr?« Josef wurde langsam ungeduldig.

»Ach so, davon haben die Herren nichts gesagt. Vermesser wollen sie schicken. Um die Spalten unterm Feuerkogel zu beobachten.«

Josef schien auf mehr zu warten.

»Frag sie halt selber oder geh zum Bürgermeister«, wurde Anna unwirsch, »du bist ja nie da, wenn ich dich brauchen würde! Einmal ist es die Feuerwehr, einmal die Blasmusik, immer ist etwas anderes wichtiger.«

*

Es regnete ohne Unterlass. Die ganze Nacht hindurch. Auch am Pfingstsamstag schloss der Himmel seine Schleusen nicht. In den Lokalnachrichten war von Überschwemmungen die Rede, im Rheintal standen Keller unter Wasser. Die Wirtin versuchte, den Blumenschmuck an der Kapelle mit Plastikfolien vor dem Verfaulen zu retten. Dabei entdeckte sie neue Risse in der Mauer und dass die Tür plötzlich klemmte. Vielleicht war das Holz auch nur von der Feuchtigkeit verzogen.

Am Morgen des Pfingstsonntags galt Annas erster Blick der Kapelle und den Blumen. Viel konnte nicht von ihnen übrig sein, denn die ganze Nacht lang hatte der Regen an die Scheiben geprasselt. Die Wirtin starrte durch das Gaststubenfenster zum Hügel. Der Nebel war dicht, sie konnte nichts erkennen. Gar nichts. Nicht einmal das Türmchen war auszumachen. Anna stellte einen Topf Milch auf den Herd und ging wieder zum Fenster. Langsam zeichnete sich der erste Strommast ab. Die dunkle Wolke glitt weiter ins Tal hinab und gab den zweiten Strommast frei. Dazwischen war: Nichts. Kein Turm, keine Kapelle. Nur ein heller Haufen Steine.

Anna gellte und gellte wie damals am Fuß des Feuerkogels. Die Milch kochte über und der Gestank von Verbranntem ließ Josef das Schlimmste befürchten, während er die Treppe vom Schlafzimmer herabpolterte. Er fand seine Frau hysterisch heulend am Boden und konnte sich keinen Reim darauf machen. Erst als er die Fenster aufriss, um den Rauch abzulassen, entdeckte er die Trümmer der Kapelle.

Nachdem er Anna etwas beruhigt hatte, startete Josef sein Moped und fuhr zum Bürgermeister. Als dieser nicht öffnete, betrat der Wirt kurzerhand das Feuerwehrhaus und löste den Alarm aus.

Die Sirene schwoll an und ab, heulte minutenlang in den höchsten Tönen, überlagerte sich mit dem Echo der Bergflanken und wollte nicht und nicht abreißen, bis endlich ein Feuerwehrmann Josef zur Seite stieß.

*

Die Ereignisse überschlugen sich. Von überall her trafen Schreckensnachrichten ein.

Der Pächter vom Meinhof kam zu Fuß zur Enzianwirtin und behauptete, mitten in seinem Güterweg wüchse ein Wald. Die Baumgruppe, die vormals gut 50 Meter oberhalb der Zufahrt stand, ließe kein Fahrzeug mehr durch. Der Boden sei ringsum aufgebrochen und bestünde nur mehr aus Spalten, wie ein Gletscher.

In dem leerstehenden Ferienhaus unterhalb des Kapellenhügels barsten die Fensterscheiben und Türen sprangen wie von Geisterhand auf, als sich die Vorderfront des Gebäudes dem tiefen Loch zuneigte, welches sich vor ihm auftat.

Konturen änderten sich, die Landschaft löste sich auf, kroch wie ein zäher Teig zur Ach hinab und staute das Wasser zu einem See. Vielerorts riss die Vegetation auf, tiefe Furchen, wie von einer Riesenaxt gehackt, klafften in der grünen Haut. In Mulden rumpfelte sich die Grasnarbe gleich Krepppapier zusammen oder bäumte sich zu senkrechten Falten auf.

Hinter dem Gasthof Enzian begann sich der einst flache Hang zu wölben und schob seinen wassergeblähten Bauch bedrohlich nahe an das Haus heran.

Dem Geologen, der den Krisenstab leitete, bot sich ein Bild der Verwüstung, als er in den späten Vormittagsstunden mit einem Bundesheerhubschrauber das rund 150 Hektar große

Gelände abflog. Der Waldgürtel, der sich einst um den Hals des Feuerkogels geschmiegt hatte, war um fast 70 Meter abgesackt. Der freigelegte nackte Fels verlieh dem Berg das Aussehen eines Geiers. Die Tannen lagen ringsum wie Mikadostäbe hingestreut. Von dieser Zone ausgehend teilte sich die Hangrutschung in drei Hauptströme auf:

Der aktivste Bewegungsstrang hatte sich in eine Schlammlawine verwandelt, die alles mitriss, was ihr im Wege stand. Teile von Heuschuppen und Holzhütten schwammen mit ihr zu Tal. Die weiter unten liegende, derzeit nicht beschickte Metzger-Alpe wurde von der braunen Sauce umströmt, aber das Gemäuer hielt dem Druck stand. Aus den talseitigen Fenstern quoll – garniert mit Hausrat – der Dreck, der hinten durch die Tür eingedrungen war.

Die anderen zwei Kriechströme der Hangrutschung waren deutlich langsamer. Einer zog sich Richtung Gasthof Enzian hinab, zu der Stelle, wo gestern noch die Kapelle gestanden hatte, der andere zielte auf die Ferienhaussiedlung, in der momentan nur der Kalbtaler wohnte.

Vom höchstgelegenen Gebäude, der Meinhofalpe, stand bloß eine Hälfte auf stabilem Grund; das Dach wies bereits eine deutliche Krümmung auf. Der Geologe ordnete vom Hubschrauber aus an, sofort die Holzkonstruktion vom Stallfundament und der Jauchegrube zu trennen, um wenigstens das Wohnhaus retten zu können. Stunden später, nachdem die Feuerwehrmänner mit Motorsägen die Balken durchschnitten hatten, ragte der Giebel wie ein Galgen über einen Abgrund von mehreren Metern hinaus. Dachbretter und Teile der Seitenwände baumelten lose daran. Das Auto des Meinhofpächters stand verloren auf einem Absatz des Güterwegs, der wie eine Rolltreppe in mannshohe Stufen gefaltet war.

*

Die Gaststube des Enzian war nun die Einsatzzentrale des Krisenstabes. Alle Maßnahmen, von der Reparatur der Strom- und Wasserversorgung bis hin zur Beobachtung der Veränderungen im Gelände, wurden vom Stammtisch aus koordiniert.

Bagger und Räumfahrzeuge mussten her, denn Muren verlegten immer wieder die Straßen. Es galt, die Zufahrtswege so lange wie möglich offen zu halten, um den Abtransport der Güter aus den gefährdeten Häusern zu ermöglichen. Für zwei Alpgebäude war es bereits zu spät, zähflüssige Erdströme ließen weder Menschen noch Maschinen in ihre Nähe gelangen.

Am Abend traf der Geologe eine heikle Entscheidung. Er musste abwägen, ob Wohnhäusern Gefahr drohte und ob sie zu evakuieren seien, oder ob die Gfäller in ihren eigenen Betten bleiben durften. Ungern gab er den Bitten der Menschen nach. Der zum Bersten angeschwollene Hang hinter dem Gasthof bereitete ihm die größten Sorgen. Zur Sicherheit ließ der Geologe starke Scheinwerfer aufstellen, die das Gelände die ganze Nacht über ausleuchteten. Zwei Feuerwehrmänner wurden zum Beobachten allfälliger Veränderungen eingeteilt.

*

Es war eine gespenstische Nacht. Anna und Josef hielten sich an der Hand und blickten in das vom Regen diffus gestreute Halogenlicht hinaus.

»Warum helfen die Karfreitagseier nicht?«, fragte die Wirtin ihren Mann. Der blieb stumm, drückte ihre Hand fester. Anna wusste wohl, dass Josef keine befriedigende Antwort geben konnte, aber all ihre Gedanken fingen mit Fragewörtern an. »Warum zerstört der Herrgott seine eigene Kapelle? Oder ist es gar der Leibhaftige, der unsere Heimat dem Erdboden gleichmacht? Wer hat ihn heraufbeschworen? Wir haben uns nicht schuldig gemacht, oder? Wir sind doch auch nicht schlechter als die anderen hier?«

Josef schwieg.

»Nun sag doch was, Josef«, flehte Anna, als könnte ihr Mann ihrem unruhigen Gewissen Absolution erteilen.

»Das ist die Natur, Anna«, sprach Josef, »das muss mit dem Herrgott nicht unbedingt etwas zu tun haben.«

»Aber er könnte es doch verhindern!«, warf Anna ein und begann in Gedanken ein inbrünstiges Gebet zu formulieren. Da glaubte sie in der Ferne das wütende Knurren und Grollen des Bodens zu vernehmen und wechselte erschrocken zum Vaterunser. War ihr eindringlicher Hilferuf zu respektlos gewesen? Sie durfte dem lieben Gott nicht Untätigkeit vorwerfen, sondern musste jetzt besonders stark im Glauben sein. Vielleicht war all das eine Prüfung.

*

In der Nacht hatte der Regen aufgehört. Morgens war Anna guter Dinge, blickte voll Optimismus in die aufreißenden Wolken und sprach einen Dank in Richtung der blauen Verheißung auf Sonne.

Am Boden setzte sich der Exodus des Vortags fort. Pritschenwagen, Traktoren mit Anhängern, Pkws und Pferdekarren. Alles, was irgendwie beladen werden konnte, staute sich am Parkplatz vor dem Gasthof Enzian. Die Landstraße, der einzige Fluchtweg, war verstopft. Ungeduldige Rufe wurden laut, kaum einer stellte den Motor ab, ganz im Gegenteil, die Drehzahlen lagen durchwegs im roten Bereich. Den verzweifelten Menschen, die im Grunde ihres Herzens bloß hierbleiben wollten, konnte es plötzlich nicht schnell genug gehen. Die Angst saß ihnen wie der Teufel im Nacken.

Hatte der Geologe gestern Abend doch davon gesprochen, dass die meisten Gebäude, sollten sie die Katastrophe überstehen, zumindest unbewohnbar sein würden.

»In Sicherheit bringen, was geht!«, lautete sein Rat.

»Und meine neue Einbauküche?«, warf einer ein.

»Wieder ausbauen, vielleicht kannst du sie woanders einmal brauchen.«

»Aber die Tischler sind erst vor einer Woche damit fertig geworden! Muss ich sie erneut kommen lassen? Wer bezahlt das?« Der Mann hielt den Arm des Geologen fest, bevor sich dieser abwenden konnte. »Und wohin soll ich die Küche überhaupt bringen?« Ein anklagender Ton schwang in dieser Frage mit. »Meine Schwester im Land draußen kann meiner Frau und mir bloß eine kleine Kammer zur Verfügung stellen!«, setzte er nach und schüttelte dabei den Arm des Geologen so heftig, als wolle er eine Lösung aus dem Experten herausbeuteln.

»Dann lass sie halt drinnen, die Küche, oder frag den Bürgermeister, ob es irgendwo eine Lagermöglichkeit gibt!«, antwortete der Geologe gereizt und wies auf die Menschentraube, die sich um den Gemeindevorsteher geschart hatte.

Der Mann bekam einen Keller für seine Möbel zugewiesen. Raum für seinen Schmerz gab es beim Krisenmanagement keinen.

Am Parkplatz vor dem Enzian spielten sich mittlerweile tumultartige Szenen ab. Obwohl sich die Kolonne auf der Straße nur wenige Meter weiterbewegt hatte, wurde am Parkplatz hektisch vor- und zurückgestoßen, um in eine vermeintlich bessere Startposition zu gelangen. Die überladenen Fahrzeuge ließen kaum eine Sicht zu und es war unvermeidlich, dass sowohl Blech als auch Fahrer aneinander gerieten.

Es dauerte eine Zeitlang, bis sich in dem Lärm die Kunde für den Grund des Staus verbreitete: Die Landstraße hatte dem Bergdruck nachgegeben und sich hinter der Ferienhaussiedlung in einem weiten Bogen nach unten gekrümmt. Dabei war die Asphaltdecke in große Schollen zersprungen, die zum Teil senkrecht aufragten. Ein Durchkommen war unmöglich und die vom Krisenstab angeforderte Planierraupe musste erst die Strecke vom zehn Kilometer weit entfernten Bauhof hinter sich bringen.

Allmählich erstarben die Motoren und die Gemüter kühlten ab. Stumm saßen die Menschen herum und warteten. Die Wirtin meinte es gut, als sie von der Terrasse herab zur Einkehr aufrief. Aber der Vorschlag wurde ihr als unverschämte Geschäftemacherei ausgelegt und niemand, selbst der Durstigste, hätte ihr daraufhin ein Getränk abkaufen mögen. Ein paar Frauen standen vor den Trümmern der Kapelle und kommentierten das Gehörte: »Die Anna war immer nur aufs Geld aus.« »Jetzt macht sie ein Riesengeschäft mit dem Krisenstab!« »Ja und wie sie angibt, mit dem Geologen per Du zu sein.« »Nicht zum Aushalten, wie sie g'scheit daherredet.« »Aber der Enzian kommt auch noch dran, werdet's schon sehen!« »Den Berg kann man nicht aufhalten.« Aus dem letzten Satz klang eine gewisse Genugtuung und die Frauen nickten rhythmisch mit ihren Köpfen dem aufgeblähten Hang hinter dem Gasthof zu.

Endlich war die Landstraße geräumt und die Kolonne konnte sich in Bewegung setzen. Der Kalbtaler staunte nicht schlecht, als das Inventar der Einwohner wie auf Rudi Carrells laufendem Band an seinem Haus vorüberzog. Vom Bettzeug über die Melkmaschine bis hin zum Fernseher spannte sich das bäuerliche Kaleidoskop.

»Sogar ihren Herrgott nehmen sie mit«, stellte der Kalbtaler fest, als er ein Kruzifix hinter einer Windschutzscheibe erblickte. »Mich verjagen sie nicht so einfach«, schwor er sich selbst und betrachtete verächtlich den Konvoi. »Wie die Hasen rennen sie davon, nur weil ein Geologe schlechte Laune zeigt.« Mit diesen Worten wandte er sich wieder seinem Haus zu und hakte die Bügel für die Geranienkästen an den Fenstersimsen ein.

*

Das schöne Wetter ließ den Krisenstab am Nachmittag auf der Terrasse des Enzian tagen. Aus der Vermessung lagen erste Ergebnisse vor, die Grund zur Hoffnung gaben. Dennoch warnte der Geologe vor zuviel Optimismus.

»Dass die Gebäude Enzian und Kalbtaler bislang ruhig blieben, bedeutet vielleicht bloß, dass das Ärgste noch bevorsteht.« Nach diesem unheilvollen Satz deutete der Geologe auf den Hang hinter dem Gasthof. »Es nützt dem Enzian nichts, wenn er an seinem Platz ausharrt, aber vom Berg erdrückt wird.«

Anna konnte mit dem zynischen Humor nichts anfangen, ihr klopfte das Herz vor Angst bis zum Hals. Plötzlich hasste sie diesen Mann, der imstande war, sie mit einem Satz in den Himmel zu heben und mit der nächsten Andeutung auf den Boden zu schmettern. Für sie war das kein interessantes geologisches Naturschauspiel. Ihre Existenz war bedroht, ihr Lebenswerk, ihr Glaube! Nein, letzteres stimmte nicht. Denn Gott hatte sie in der Nacht erhört und den Regen abgestellt. Sie durfte nicht an ihm zweifeln!

Josef trat an den Tisch heran und legte einen Zettel vor den Geologen. Er hatte soeben den letzten Messwert eingetragen. Ursprünglich sollte er dreimal täglich die Entfernung zwischen dem Hang, dort war an einem Pflock ein Maßband befestigt worden, und der Hauswand bestimmen. Die eigene Machtlosigkeit dem Geschehen gegenüber ließ den Mann jedoch nahezu stündlich die Distanz ablesen.

»Zehn Zentimeter in der letzten Stunde!«, rief der Geologe erschrocken aus, nachdem er die Tabelle studiert hatte. »Uns bleibt nur eine Möglichkeit, den Enzian zu retten. Eine geringe Chance zwar, aber wir müssen es probieren!«

Mit diesen Worten gab er den Startschuss für einen wochenlangen Wettlauf, den manche als Kampf der Technik gegen die Natur, andere hingegen schlichtweg als Wahnsinn bezeichneten. Wie der verfluchte Sisyphos grub ein Mann mit einem Löffelbagger den aufgequollenen Hang ab, der auf diese Verletzung umgehend mit vermehrtem Nachschub reagierte. Je schneller der Baggerfahrer arbeitete, desto massiver kam ihm das schlammige Erdreich entgegen. Mit einem Lastwagen wurde das Material weggebracht und in den frischen Krater gekippt, in welchen das gestern noch schrägstehende Ferienhaus gestürzt war.

Der Baggerfahrer arbeitete ohne Unterlass. Manchmal schien sich der Abstand zwischen Hang und Hausmauer zu vergrößern, dann aber wendete sich das Blatt und der Bergdruck wurde so gewaltig, dass der Fahrer sich und sein Gerät zur Seite in Sicherheit bringen musste, um nicht am Gebäude zerquetscht zu werden. Bis zum Abend entspannte sich die Situation etwas, die breiige Erdmasse konnte in einem Abstand von drei Metern zum Haus in Schach gehalten werden.

Anna und Josef durften über Nacht in ihrem Heim bleiben. Bedingung des Geologen war allerdings, dass sie die wichtigsten Sachen in einem Koffer für einen raschen Aufbruch bereit hielten. Dasselbe galt für den Kalbtaler, der sich jedoch keinen Deut darum scherte. Denn sein Haus wies noch nicht einmal einen Haarriss auf. Selbst die Asphaltdecke seiner Zufahrt war unversehrt geblieben, als sich die Landstraße an der Regenrinne löste und die Fahrbahn sich von seinem Grundstück abwandte und talwärts neigte. Gewiss war es irrational, aber der Kalbtaler fühlte sich inmitten dieser Urgewalten sicher. Mit der Natur war er verbunden. Bedroht und verfolgt wurde er stets nur von Menschen, die entweder glaubten, besser – vor allem in moralischer Hinsicht besser – zu sein, oder die schlichtweg Macht besaßen. Hier aber diktierte die Natur die Regeln. Die Macht lag eindeutig auf Seiten des Berges. Da mochten die sogenannten Fachleute baggern und planieren lassen, so viel sie wollten, er sah darin bloß eine lächerliche Tarnung ihrer eigenen Ohnmacht. Zur Beruhigung der Dorfbewohner inszeniert, die noch an die Überlegenheit der Experten glaubten. Noch. Der Kalbtaler malte sich genüsslich aus, wie der Gasthof Enzian über dem tagenden Krisenstab zusammenbricht und ein gemeines Lächeln umspielte dabei seine Lippen. »Dann wäre endlich wieder Ruhe im Dorf.«
Die beiden Wirtsleute fanden keinen Schlaf. Durchs Zimmerfenster blendeten die Scheinwerfer, der Baggermotor dröhnte

und das nervende Pieeep Pieeep Pieeep des rückwärts fahrenden LKW war unerträglich. So standen sie auf und übersiedelten kurzerhand in eines ihrer Gästezimmer auf der Vorderseite des Gebäudes.

»Fremd im eigenen Heim«, sinnierte Josef, als er im ungewohnten Bett lag.

»Ja, so weit musste es kommen«, seufzte Anna.

»Warum musste?«, wollte Josef wissen.

»Weil, weil wir – oder vielleicht auch nicht wir, weil halt …«, Anna suchte nach Worten.

»Jetzt sag schon, worauf du hinaus willst.«

»Na der Kalbtaler, der ist doch ein Nazi, ein Neonazi, oder?«

»Was willst du denn jetzt mit dem Deutschen?«

»Der ist doch schon gesessen, oder?«, versuchte sich Anna bei Josef zu vergewissern.

»Sagt man, ja«, bestätigte Josef, »aber was hat das mit uns zu tun?«

»Wenn man im Gefängnis war, hat man was angestellt.«

»Ja, meistens«, Josefs Antwort bekam einen ungeduldigen Unterton. »Aber was, um Herrgotts Willen, kümmert dich plötzlich der Kalbtaler?«

»Fluch nicht, ich bitte dich!«, flehte Anna.

Josef ließ sich nicht beruhigen.

»Deine Andeutungen regen mich aber auf. Was soll das mit dem Nazigerede? Früher hast du immer bloß von seinem schönen Garten geschwärmt.«

»Eben.«

Jetzt war es heraußen, aber Josef begriff nicht, wartete auf eine Erklärung.

Im Tonfall einer Beichte fuhr Anna leise fort: »Wir hätten ihn nicht im Dorf dulden dürfen. Das war ein Fehler.«

»Geh', was faselst du denn da?«

»Er ist ein Häfenbruder. Ein Sünder. Ein schlechter …«

»Und wegen dem Nazi soll der Hang rutschen?«, fiel ihr Josef ins Wort, »Das glaubst du wohl selber nicht!«

»Warum denn?«, schrie Anna verzweifelt auf, »Warum denn sonst?«

Josef schwieg, während Anna in ihr Kissen rotzte. Er griff nicht einmal nach ihrer Hand, um sie zu trösten.

*

Während der nächsten Woche blieb die Situation in der Parzelle Gfäll unverändert. Zumindest aus der Sicht des Geologen. Der Hang kroch mit gleichbleibender Geschwindigkeit zu Tal, sein Bewegungsverhalten war durch die täglichen Vermessungsergebnisse vorhersehbar geworden.

Die Dramatik verlagerte sich zunehmend in den menschlichen Bereich und spitzte sich vor allem im Kampf um den Erhalt des Gasthofs Enzian zu. Man hatte sowohl die Anzahl der Fahrer als auch der Maschinen verdoppelt, um weitere gefährliche Zwischenfälle zu vermeiden. Denn einmal war ein Baggerfahrer zusammengebrochen. Nicht die körperliche Erschöpfung, sondern die schiere Verzweiflung ob der Aussichtslosigkeit seines Einsatzes hatte den jungen Mann tränenüberströmt aus dem Führerhaus taumeln lassen. Seine hinausgebrüllte Absicht, alles hinzuschmeißen und zu kündigen, wurde ignoriert. Man empfahl ihm, zwei Tage Urlaub zu nehmen und ersetzte ihn durch einen motivierten Kollegen. »Denk nicht, sondern grab'«, wurde ihm als Rat mitgegeben. Durch den Vorfall hatte der Hang jedoch einen zeitlichen Vorsprung im Wettkampf um den Enzian erhalten und staute sich an der Rückwand des Gebäudes. Der neue Baggerfahrer konnte nur mehr von einer Seite aus agieren, während sich die Erdmassen am anderen Hauseck anhäuften. Obwohl sofort ein zweiter Bagger angefordert wurde, reichte die Zeit bis zu seinem Eintreffen aus, um die Kluft zwischen Haus und Hang mehrere Meter hoch aufzufüllen. Der Bergdruck wurde dadurch so gewaltig, dass die Rückwand an einer Stelle nachgab und brach. Das breiige Erdreich bahnte sich einen Weg durch den Keller, riss einen Teil der Gebäudeecke weg und floss dann seitlich ab.

»Das hätte ins Auge gehen können!«, rief der Geologe erleichtert aus, als er feststellte, dass im übrigen Gemäuer lediglich ein paar kleinere Risse entstanden waren.

Anna starrte ihn fassungslos an. Sie sah bloß das klaffende Loch, die dreckige Wunde in ihrem Heim. Der Berg hatte nicht wie bisher nur drohend geknurrt und gegen den Bagger die Zähne gefletscht, nein, diesmal hatte er zugebissen! Ihre seit Wochen schwelende Angst kristallisierte sich plötzlich zu etwas Konkretem: Der Hang konnte ihr Haus zermalmen. Einfach so. Unabhängig von Sonnenschein und Regen. Unbeeindruckt von Gott und Gebeten. Als hätte das eine nichts mit dem anderen zu tun. Wie wenn zwischen Himmel und Erde keinerlei Verbindung bestünde. Anna spürte eine kalte Gewissheit in sich aufsteigen: Gott wusste nichts von der Katastrophe, die über das Gfäll hereingebrochen war. Gott hatte nicht einmal bemerkt, dass seine eigene Kapelle zu Bruch ging. Gott sah auch nicht untätig zu, wie sich der Berg in den Enzian fraß. Gott war nicht da. War einfach nicht da.

Wie die meisten anderen Bewohner im Gfäll verließen nun auch Anna und Josef ihr Heim und schliefen in einem Notquartier im Rheintal, obwohl der Geologe betonte, dass der Gasthof derzeit nicht akut gefährdet sei. Aber die Wirtin hatte ihren Glauben verloren. Und sie wollte endlich wieder einmal schlafen, schlafen ohne Baggerlärm, schlafen ohne Angst, ohne die Fluchtkoffer in der Zimmerecke.

Tagsüber kehrte sie nach Hause zurück. Einerseits, um zu sehen, ob der Wettkampf zwischen Bagger und Berg endlich entschieden sei, und andererseits, um den Krisenstab und die vielen Gäste zu bewirten. Denn neben den Fachleuten tummelten sich neuerdings die Medienvertreter im Katastrophengebiet. Mittelpunkt ihrer Berichterstattung war natürlich der Kampf um den Erhalt des Gasthofs Enzian. Und dabei kam das emotional geschilderte Schicksal der Wirtin nicht zu kurz. Anna gab bis zu zehn Interviews am Tag und hatte eine eigene Presseecke in der Gaststube eingerichtet, wo die Fotoalben der guten alten Zeit griffbereit lagen. Manchmal brachte sie eigens einen Strauß Blumen vom Land mit herein, um sie vor laufenden Kameras in berührender Geste auf den Resten der Kapelle niederzulegen.

Am späteren Nachmittag war der Spuk vorbei und Trostlosigkeit machte sich breit. Anna beeilte sich wegzukommen. Sie konnte den Anblick der schiefen Gebäude mit ihren leeren Fensterlöchern nicht ertragen. Seit die Menschen die Vorhänge und teilweise sogar die Fensterstöcke mitgenommen hatten, glichen die Fassaden seelenlosen Totenköpfen, die teilnahmslos auf die Zerstörung ringsum glotzten.

Die Wirtin übergab den Baggerfahrern einen Schlüssel für die Terrassentür – dort hatte sie ihnen ein kleines Getränkedepot eingerichtet – und stand mit den Tageseinnahmen am Parkplatz, wo sie von Josef abgeholt wurde. Dem Wirt war der Trubel mit den Medien und dem Sensationstourismus zuviel geworden. Er verstand es nicht, aus seinem eigenen Schmerz ein Geschäft zu machen.

»Um das Geld geht es nicht«, rechtfertigte sich Anna bisweilen, »obwohl wir es gut gebrauchen können! Aber wer kümmert sich sonst um die vielen Leute, den Krisenstab, die Vermesser, die Journalisten? Du solltest sehen, wie dankbar sie sind, wenn ich ihnen ein Bier anbieten kann. Und erst die Baggerfahrer! Die schuften ja schließlich für uns!«

Anna erwähnte nicht, dass auf dem Getränkelager auf der Terrasse eine absperrbare Schatulle mit Einwurfschlitz und Preisliste stand. Einen Teil der Einnahmen, so hatte es sich die Wirtin vorgenommen, würde sie für den Wiederaufbau der Kapelle spenden, vorausgesetzt, der Gasthof überstand die Hangrutschung.

Immer wenn sie dann auf der holprigen Landstraße am Haus des Kalbtalers vorbeikamen, musste Anna ihrer Empörung Luft machen: »Schau dir das an!« Damit leitete sie eine Tirade von Vorwürfen und Anklagen ein, die Josef zu bestätigen hatte: »Jetzt hat der Nazi sogar die Fensterläden neu gestrichen! Ist das nicht eine Frechheit?«

Und: »Dem seine Zufahrt hat noch nicht einmal Risse im Asphalt! Wie gibt es das?«

Oder: »Rasenmähen tut er, das darf doch nicht wahr sein! R a s e n m ä h e n ! Das macht er bloß, um uns zu provozieren, oder Josef? Nun sag schon was!«

Josef beschränkte sich aufs Nicken. Er musste sich auf die mit tiefen Schlaglöchern und Gräben übersäte Straße konzentrieren. Was sollte er auch antworten? Der Kalbtaler brauchte selbst gar nichts zu tun, um die Gemüter der Dorfbewohner zu erhitzen. Sein unversehrtes Domizil reichte bei weitem aus. Der Bewegungsstrom der Hangrutschung war just an seiner Grundgrenze zum Stillstand gekommen. Es gab kein Aufbäumen des Hanges wie hinter dem Enzian, keine Schlammlawine, die die Gartenzwerge in die Ach gerissen hätte. Nichts. Die Geranien blühten roter als je zuvor. Vielleicht war es tatsächlich nur die Ruhe vor dem Sturm, wie sich der Geologe ausdrückte und damit eigentlich vor zuviel Optimismus warnen wollte. Doch bei den von der Katastrophe Betroffenen, und das waren alle Einwohner außer dem Kalbtaler, löste diese

Andeutung gemischte Gefühle aus. Neben der Angst vor weiteren persönlichen Verlusten keimte die Hoffnung auf Genugtuung. Und die, die schon alles verloren hatten, sprachen es mitunter ungeniert aus:
»Der Nazi darf nicht verschont werden! Der nicht!«

*

Josef musste hinter dem alten Fiat anhalten. An der offenen Beifahrertür kam er nicht vorbei. Er hupte. Und sah wie ein buntes Kopftuch im Wageninneren ruckartig zwischen Stapeln von Taschen, Kisten und Nylonsäcken verschwand. Gleich darauf schob sich ein ausladendes weibliches Gesäß rückwärts aus der Türöffnung ins Freie. Mit entschuldigender Geste schloss die Frau rasch die Tür und wartete vor der Motorhaube, bis die beiden Wirtsleute vorbeigefahren waren.
»Was tun denn die noch da?«, fragte Anna erstaunt und erhob sich etwas vom Sitz, um besser über Josef den Hang hinabblicken zu können. »Das Haus von denen ist doch schon lange hin. Ist es nicht an dem Tag eingestürzt, als die Landstraße absackte?«, versuchte sich die Wirtin zu erinnern. Aber bevor sie ihr Gedächtnis weiter bemühen konnte, entdeckte sie den buckligen alten Mann neben dem mit Welleternit bedeckten Bretterhaufen. Er hob mit einer Brechstange Teile der Trümmer auf und schien etwas zu suchen. Die Neugier zog Anna näher zum Fahrerfenster und Josef duckte sich hinter dem Lenkrad. Offenbar war der alte Mann fündig geworden, denn er schob mit einem Bein einen dunklen Gegenstand hervor und griff danach. In dem Augenblick krachte das Auto in ein Schlagloch, Anna konnte ihre halbstehende Position nicht halten und begrub den Schalthebel samt Josefs Arm unter ihrem Schenkel. Vor Schmerz schrien beide auf und ergingen sich alsdann in gegenseitigen Schuldzuweisungen und wüsten Beschimpfungen. Im Streit bekamen sie nicht mehr mit, was der alte Mann geborgen hatte.

Es war eine Pfanne. Ein gusseisernes, schweres Ungetüm, das der Mann triumphierend seiner Frau entgegen hielt, als diese wieder unten bei ihm eintraf. Behutsam betteten sie das Fundstück zu den anderen Sachen in die Schubkarre. Sie blickten sich noch einmal um, breiteten eine Plastikplane über einen Stapel aus Spanplatten, Spiegeln, Fensterrahmen und Möbelteilen und zurrten sie fest. Für heute war es genug. Mehr als zehn Fuhren am Tag schafften die zwei Alten nicht. Mit vereinter Kraft zogen und zerrten, schoben und stießen sie die Schubkarre bis zu ihrem Fiat hinauf. Vor dem letzten Absatz, einer Geländestufe von rund einem halben Meter, kapitulierten sie. Einzeln reichte der Mann die Stücke seiner Frau zum Auto hinauf. Als sie endlich mit dem Verladen fertig waren, dämmerte es bereits und im Haus des Deutschen ging das Licht an. Der Fiat fuhr davon.

Missmutig betrachtete der Kalbtaler die Umrisse der Schubkarre unterhalb der Straße und fragte sich: »Wie oft wollen die denn noch zurückkommen?«

*

Etwas war schief gelaufen, damals zu Beginn der Rutschung. Während die anderen Dorfbewohner ihr Hab und Gut auf Anraten des Geologen rechtzeitig in Sicherheit brachten, kam diese Information nicht richtig bei dem alten Ehepaar an. Wahrscheinlich hatte man es ihnen sogar ausrichten lassen, so die Beteuerungen des Krisenstabs, allerdings ohne sich zu vergewissern, ob sie die Aufforderung überhaupt verstanden hatten. Schließlich war Deutsch nicht ihre Muttersprache.

Und aus eigenem Antrieb waren sie erst vorstellig geworden, als der Anbau ihres Gebäudes einbrach und sie um Hilfe baten. Aus dem vorderen Teil konnten Feuerwehrmänner noch Teile der Möbel und ein paar Wertgegenstände bergen, dann musste das Betreten des Gebäudes wegen Einsturzgefahr untersagt werden. Da an diesem Tag auch die Landstraße zerstört wurde, konnten die in Sicherheit gebrachten Sachen nicht abtransportiert werden. Und danach war die Zufahrt zum Haus hinunter wegen der treppenartigen Absätze nicht mehr befahrbar. Das wenige Gerettete lagerte seitdem unter Plastikplanen neben den Trümmern des Gebäudes, das noch am gleichen Tag wie ein Kartenhaus zusammengefallen war.

Einmal hatte der Kalbtaler mit dem Gedanken gespielt, auszuprobieren, ob er mit seinem Geländewagen die verwüstete Zufahrt hinab käme. Die Herausforderung reizte ihn. Aber allein die Vorstellung, das verwanzte, modrige Zeug dieser Leute dann einladen zu müssen, ließ die Idee vom heldenhaften Retter sterben, bevor sie zur Tat reifen konnte.

*

Die nächsten zwei Wochen verliefen ohne besondere Vorkommnisse. Die Experten traten seltener zusammen, die Vermesser kamen nur mehr jeden zweiten Tag. Auch das Medieninteresse flaute ab, einzig der Zustrom der Schaulustigen blieb aufrecht und lieferte Anna einen Vorwand, die Gastwirtschaft weiterhin offen zu halten.

Die Baggerfahrer gruben immer noch. Sie hatten mittlerweile Walkmans auf, um die Langeweile ihrer eintönigen Arbeit besser ertragen zu können. Der Berg rutschte unaufhörlich nach und füllte jede ausgehobene Schaufel umgehend wieder auf. Im Krisenstab wurden Hochrechnungen angestellt, wie lange die Grabungen im 24-Stunden Betrieb fortgesetzt werden könnten, bis die Kosten die Ablösesumme für das Gebäude erreichen würden.

»So darf man nicht kalkulieren!«, hatte sich der Bürgermeister daraufhin empört, »Hier geht es um Heimat, um Identität, nicht um Geld!«

Außerdem waren für die vergangenen drei Wochen bereits Ausgaben in einer Höhe aufgelaufen, die ein Beenden der Rettungsmaßnahmen nicht erlaubten. Man hätte das im Nachhinein als sinnlose Geldverschwendung gewertet und die Experten mit diesem Vorwurf konfrontiert. Um wie viel besser klang es da, wenn man sagen konnte, dass man alles – kostete es auch ein Vermögen – daran setzte, um Haus und Hof der armen Bewohner zu schützen!

*

Nach der langen Schönwetterperiode, die seit Pfingsten andauerte, wurde eine Gewitterfront angekündigt. Mit massiven Niederschlägen.

»Das ist Gift für den Hang«, sorgte sich der Geologe, »durch die aufgebrochenen Spalten kann das Wasser nicht abfließen, sondern wird vollständig vom Hang absorbiert. Daraus könnte sich eine Mure entwickeln, die vielleicht bloß die Straße verlegt, aber im schlimmsten Fall ganze Gebäude mitreißt.«

Der Krisenstab beschloss deshalb, vorsorglich alle Personen auch untertags aus dem Gebiet zu evakuieren. Anna fügte sich ohne Widerspruch, da bei Schlechtwetter ohnehin kein Geld zu verdienen war. Aber die Starrköpfigkeit des Kalbtalers hatte man unterschätzt.

»Niemals!«, schrie er den Überbringer der Nachricht an und schlug diesem die Tür vor der Nase zu. Daraufhin erschien eine Delegation, bestehend aus dem Bürgermeister, dem Geologen und dem Feuerwehrkommandanten, vor dem Haus des Deutschen und forderte diesen durch die Torsprechanlage zu einem klärenden Gespräch auf. Der Kalbtaler öffnete anstatt der Haustüre die Fensterflügel und der Umriss seiner Gestalt zeichnete sich undeutlich hinter den Geranien ab. Die Inszenierung war gut gewählt, die Delegation musste zu ihm aufblicken und es lag allein in seiner Macht, ob er sich ein wenig nach vorne zu den Herren hinabneigte oder ob er aufrecht und unsichtbar an seinem Platz blieb.

Der Bürgermeister kochte vor Wut und schubste den Geologen an. »Bring du es ihm bei«, flüsterte er ihm zu, »mich regt der Typ dermaßen auf, dass ich mich nicht beherrschen könnte!« Verschmitzt grinsend fing der Geologe mit seiner

Bassstimme zu sprechen an: »Du Kalbtaler – .« Danach legte er eine Pause ein, um abzuwarten, wie der so respektlos Angesprochene reagieren würde. Als sich hinter den Geranien nichts rührte, fuhr der Geologe fort und dehnte seine Worte genüsslich in die Länge: »Ich kann es dir auch durch die Blumen sagen, aber…« Ein selbstgefälliges Kichern über den eigenen Wortwitz erzwang eine kleine Unterbrechung. Daraufhin begann er noch mal von vorne: »Jetzt aber im Ernst.« Das Kichern wollte sich nicht daran halten. Der Geologe räusperte sich und hinter den Geranien zeigte sich eine ungeduldige Bewegung.

»Also Kalbtaler, auch wenn ich es dir durch die Blumen sage, es ändert nichts an der Tatsache. Wir können nicht garantieren, dass der Fluchtweg über die Landstraße benutzbar bleibt. Und wenn die Niederschläge so heftig werden wie angekündigt, kann dein nettes Häuschen einfach den Bach – äh den Berg hinuntergehen.« Der Versprecher klang einstudiert und auf der erwartungsvollen Pause des Geologen lastete peinliches Schweigen. »Das heißt, wir können weder die Sicherheit deines Heimes gewährleisten, noch kann dir jemand zu Hilfe kommen. Denn es übersteigt unsere personellen und technischen Kapazitäten, während der Nacht alle Einsatzkräfte in Bereitschaft zu halten, um einer Person – nämlich dir – eventuell helfen zu müssen.« Jetzt mischte sich auch der Bürgermeister ein: »Alle anderen sind bereits ausgezogen. Herr Kalbtaler bitte verstehen Sie, dass man nicht Ihretwegen einen solchen finanziellen und personellen Aufwand betreiben kann. Wir benötigen alle unsere Ressourcen für den Einsatz tagsüber.« Der Feuerwehrkommandant schloss sich in beinah flehendem Tonfall an: »Meine Leute sind an der Grenze ihrer Belastbarkeit angelangt, ich kann nicht noch mehr verlangen. Wenn Sie die kommenden Tage und Nächte während des schlechten Wetters auswärts – und damit in Sicherheit verbringen könnten – würde uns allen sehr geholfen sein.«

Alle blickten erwartungsvoll zu den Geranien hinauf. Über den Blütendolden erschien das entschlossene Gesicht des Angesprochenen.

»Ich sehe keine Veranlassung zu gehen«, erwiderte der Kalbtaler mit fester Stimme, »Es gibt keinerlei Anzeichen von Zerstörung oder Gefahr an meinem Haus. Und wenn mir die Herren aus welchen Gründen auch immer nun weismachen wollen, dass ich Angst haben soll, so antworte ich: Ich fürchte mich nicht.«

»Aber darum geht es doch gar nicht!«, rief der Bürgermeister verzweifelt aus. »Wir vom Krisenstab sind verpflichtet, Menschen zu evakuieren, wenn wir ihre Sicherheit nicht mehr garantieren können.«

»Uns bleibt keine andere Wahl«, fügte der Feuerwehrkommandant fast entschuldigend hinzu.

Es entstand eine kleine Pause.

»Ich bleibe hier, ich übernehme die Verantwortung.«

Der Bürgermeister verdrehte theatralisch die Augen und probierte es noch einmal: »Die Verantwortung tragen wir, nicht Sie!« Mit diesem Satz gab er dem Kalbtaler das Stichwort für eine lange Rede über Eigenverantwortung und Selbstbestimmung, die darin gipfelte, dass er vom Fenster herab schrie: »Ich lasse mich nicht vertreiben! Weder von Ihnen, noch von dem da«, und deutete dabei auf den Geologen, »noch von sonst wem!«

Die drei Männer zuckten mit den Achseln und gingen. Während der Fahrt zum Gemeindeamt berieten sie die Lage.

»Wir könnten ihn mit Polizeigewalt herausholen«, dachte der Geologe laut nach.

»Vergiss es!«, schnitt ihm der Bürgermeister das Wort ab. »Dazu müsste man seine Haustüre aufbrechen. Stell dir bloß diese Schlagzeile vor: ›Haus wie durch ein Wunder von der Hangrutschung verschont, aber durch das brutale Vorgehen der Exekutive beschädigt.‹ Auf das Risiko lasse ich mich nicht ein.«

»Dann dreh ihm das Wasser und den Strom ab«, dem Geologen ging die Fantasie nicht aus, »vielleicht kommt er dann freiwillig.«

»Nie und nimmer«, verwarf der Bürgermeister auch diesen Vorschlag. »Da kennst du den Typen schlecht. Der legt es ja regelrecht darauf an. Das ist der Stoff aus dem er seine Verschwörungs- und Verfolgungstheorien webt.«

Der Geologe schien nicht beeindruckt.

»Außerdem«, sagte der Bürgermeister und senkte seine Stimme, um ihr mehr Gewicht zu verleihen, »außerdem unterhält er Beziehungen zu einflussreichen Leuten. Der ist nicht zu unterschätzen. Mit so einem Kaliber will ich mich nicht anlegen. Ist schon schlimm genug, dass er in meine Gemeinde gezogen ist. Da brauch' ich keinen zusätzlichen Wirbel!«

»Was tun wir also?«, fragte der Geologe.

»Nichts«, antwortete der Bürgermeister.

*

Nachmittags um drei Uhr wurde es plötzlich finster, als hätte jemand die Sonne ausgeknipst. Die blendend weißen, blumenkohlartigen Wolkentürme waren in kurzer Zeit zu einer monströsen, konturlosen Wand zusammengewachsen, die alle Farben aus der Landschaft sog. Die mit Wald bestandenen Rücken, die Felsgrate und Almwiesen, die das Tal im Westen begrenzten, verschwammen unter dem dunklen Grau und lösten sich darin auf. Die Horizontlinie verkürzte sich, wurde Berg für Berg von Westen her ausradiert, während die Gipfel im Osten noch klar Himmel und Erde voneinander schieden. Doch auch diese Grenze wurde allmählich von Wolkenschleiern zersetzt und eine bleierne Stimmung legte sich über das Land.

Der Kalbtaler stand am Fenster. Er sah das Auto des Geologen mit aufgedrehten Scheinwerfern die Landstraße Richtung Scheiblegg hinausfahren. Offenbar hatte er die beiden Baggerfahrer vom Enzian geholt. »Die Ratten verlassen das sinkende Schiff«, kommentierte der Kalbtaler die auf der Schotterpiste hüpfenden Rücklichter. Dann fiel ihm aber ein, dass der Vergleich vielleicht gar nicht so passend sei, da beim Schiffsuntergang die Ratten intuitiv weise handelten und infolgedessen überlebten.

Die Böenwalze des Gewittersturms brach unvermittelt über das verwüstete Land herein, riss loses Erdreich und Staubfontänen in die Luft, wirbelte entwurzelte Grasbüschel herum, zerrte wütend an Plastikplanen und warf sich mit geballter Kraft gegen die Fassade des einzigen unversehrten Gebäudes. Erschrocken wich der Kalbtaler ein paar Schritte von den klirrenden Fensterscheiben zurück. Der Wind versuchte, die Blumenkästen aus den Bügeln zu heben, rüttelte an den Fensterläden, kippte den großen Gartenzwerg um, bekam die hohle Plastikfigur innen zu fassen und trieb die Beute über die Grundgrenze hinweg in den spaltenübersäten Nachbarsboden. Das grellbunte Männchen verschwand in einem der Gräben, nur mehr die Zipfelmütze lugte hervor. Erste, schwere Tropfen fielen. Der Wind kehrte zurück als suche er ein neues Opfer, zauste und peitschte die Geranien bis ihre Blütenblätter an den feuchten Scheiben klebten. Im Schein der Blitze glichen sie frischen Blutstropfen und den Kalbtaler schauderte.

*

Der Geologe saß beim Bürgermeister in der Amtsstube und beobachtete an einem Computerbildschirm die Grafik des Niederschlagsradars.

»Das Ärgste steht uns noch bevor, siehst du das hier?«, sagte er zu seinem Gegenüber und deutete mit dem Finger auf eine violette Ellipse, die sich der Ortschaft näherte. Danach starrten beide Männer wieder aus dem Fenster in den sintflutartigen Regen.

»Kaum vorstellbar, das es noch stärker werden kann«, meinte der Bürgermeister ungläubig.

*

Der Kalbtaler trat drei Stunden nach Mitternacht vor sein Haus. Er hatte sich wetterfest mit Überhose und Regenmantel angetan und wollte die Lage erkunden. Unter diesen Umständen war ohnehin nicht an Schlaf zu denken. Im Schein seiner Taschenlampe bildete der Regen einen undurchdringlichen, glitzernden Vorhang. Aus diesem Grund hatte er schon vom Fenster aus nichts erkennen können. Aber hier draußen war es nicht besser. Vorsichtig stapfte er durch den aufgeweichten Rasen hinter das Haus. Es dauerte eine Weile, bis er den Entlastungsgraben erreichte, den der Geologe quasi als Trennfuge rund um das Grundstück hatte ausheben lassen. Der Boden war morastig und der Kalbtaler konnte die Grabenränder nicht erkennen. War der zwei Meter breite Spalt bereits geschlossen? Das Herz schlug ihm vor Angst schneller, er musste Gewissheit haben! Also ging er vorsichtig mit kleinen Schritten weiter und fluchte über das armselige Licht der Taschenlampe, denn vor ihm glänzte alles nur konturlos schwarz. Plötzlich brach er mit einem Bein in ein Schlammloch ein. Geistesgegenwärtig warf er sich nach hinten, wo der Boden mehr Widerstand geboten hatte. Die Taschenlampe erlosch. Der Kalbtaler wühlte mit den Händen im Gatsch nach Halt und versuchte Richtung Haus zu robben, wo er zum Glück das Licht hatte brennen lassen. Endlich konnte er seinen Fuß aus dem vakuumartigen Sog befreien, der Gummistiefel blieb darin stecken.

Zitternd, aber unversehrt, erreichte er sein Haus. Entschlossen, sein vorhin in höchster Not abgesetztes Versprechen einzuhalten, holte er sich andere Schuhe und den Autoschlüssel. Der Kalbtaler wollte weg.

Vorsichtig steuerte er seinen Geländewagen über den höher gewordenen Absatz zwischen seiner Zufahrt und der Landstraße. Die Schlaglöcher hatten sich in riesige Seen verwandelt, kleine Bäche zernarbten die Fahrbahn. Mit einem normalen PKW wäre er schon verloren gewesen. So kam er immerhin zweihundert Meter weit.

Etwas sich Bewegendes lag quer über der Straße und versperrte den Weg. Der Kalbtaler ließ den Scheibenwischer auf der schnellsten Stufe laufen, aber durch die beschlagenen

Scheiben konnte er das Hindernis nicht deutlicher ausmachen. Er drehte das Fernlicht auf und stieg aus. Vor seinen Füßen wälzte sich eine klumpige Masse zu Tale. Nicht mit der fließenden Geschwindigkeit einer Schlammlawine, sondern träge und zäh wie erkaltende Lava. In Zeitlupe schoben sich Erdschollen und Felsbrocken, Baumgruppen und Mauerreste an ihm vorbei. Der Kriechstrom erzeugte dabei ein zermalmendes Geräusch, das dem Kalbtaler durch Mark und Bein ging. Panisch stürzte er in sein Auto zurück und fuhr, ohne Rücksicht auf sein Fahrzeug zu nehmen, zu seiner Einfahrt retour. Dort wollte er wenden, doch er stieß mit der Anhängerkupplung bloß gegen den Absatz unter dem Asphaltrand. »Dann kehre ich eben vor dem Gasthof Enzian um«, sprach er sich selber Mut zu und fuhr im Rückwärtsgang taleinwärts. Er kam nicht weit. Intuitiv war er rechtzeitig stehen geblieben, sonst wäre er in den metertiefen Graben gestürzt, den ein Bach in die Fahrbahn gefressen hatte.

»Gefangen«, stellte er mit Bestürzung fest und kehrte niedergeschlagen zu seinem Haus zurück. Den Wagen musste er wohl oder übel auf der Landstraße stehen lassen und bewies dort mit der ungewohnten Parkposition den gescheiterten Fluchtversuch. »Verdammt«, fluchte der Kalbtaler, »wenn mir keine Ausrede für den Standort des Autos einfällt, muss ich mir morgen das triumphierende Grinsen dieses Geologen ansehen. Ihm gönne ich diese Genugtuung nicht!« Mit einem Adrenalinschub, ausgelöst vom Anblick zahlreicher neuer Risse im Verputz, durchbrach die reale Angst die eitle Sorge um den Gesichtsverlust. Zögerlich schloss der Kalbtaler die Haustüre auf, obwohl ihm das Wasser eisig in den Kragen lief. »Betrete ich mein Heim oder mein Grab?«, sinnierte er und ertappte sich bei der Hoffnung, den verhassten Geologen noch einmal zu Gesicht zu bekommen.

*

In den frühen Morgenstunden ließ der Regen nach, die Gewitterfront zog ab. Der Geologe hatte im Scheiblegger Gemeindeamt übernachtet und war in der Morgendämmerung schon Richtung Gfäll aufgebrochen. Als er die erste Mure erreichte, alarmierte er sofort die Einsatzkräfte und forderte Planierraupen und Räumungsgeräte an. Dann versuchte er, zu Fuß weiter zu kommen, gab aber angesichts des breiigen Untergrunds schnell auf. Vergeblich suchte man telefonischen Kontakt zum Kalbtaler herzustellen, das ständige Besetztzeichen trug bloß zur zermürbenden Ungewissheit bei.

Während sich die Bagger bereits um die Räumung der Landstraße bemühten, wartete man im Gemeindeamt nervös auf den Hubschrauber des Innenministeriums. Dichter Bodennebel, der dem wassergesättigten Boden entstieg und die Landschaft verschleierte, zögerte den geplanten Flug hinaus. Der ansonsten kaum aus der Ruhe zu bringende Geologe lief vor dem Bürgermeister hin und her.

»Ich weiß, dass ich dich nerve«, gab der Geologe zu, »aber dein gequälter Blick, mit dem du mich ständig verfolgst, ist nicht minder irritierend.«

Das sich nähernde Knattern von Rotorblättern beendete die einseitige Kommunikation und ließ beide Männer aus dem Zimmer stürzen.

Kurz darauf schwebten sie im Helikopter zwischen Wolkenresten Richtung Gfäll.

»Da!«, rief der Geologe aufgeregt und deutete nach vorne, »Der Enzian steht noch!«

Sie kreisten über dem Gebäude, das aus der Luft einen unversehrten Eindruck machte. Der durch den Niederschlag flüssiger gewordene Erdstrom hinter dem Gasthof hatte sich nicht mehr an der Rückwand des Hauses gestaut, sondern war seitlich, ohne neuen Schaden anzurichten, abgeflossen. Aber wo war das Gebäude des Kalbtaler? Der Helikopter wendete und flog über die Reste der Landstraße zurück. Ein Klumpen feuchter Luft ballte sich über dem neu entstandenen Bachbett, dahinter blitzte die Karosserie des Geländewagens durch den Nebel.

»Es kann doch nicht sein, dass nur mehr das Auto übrig ist!«, entfuhr es dem entsetzten Geologen, der vergeblich nach der dazugehörenden Hauswand suchte.

Da erspähte der Bürgermeister den Giebel des Gebäudes und stieß einen Freudenschrei aus. Die Wolke löste sich im Luftwirbel der Rotorblätter ganz plötzlich auf und der Helikopter wurde von einem winkenden Kalbtaler begrüßt. Der Mann stand auf seiner Zufahrt und fuchtelte mit beiden Armen. Er schrie etwas in den Himmel.

»Dem fehlt offenbar nichts«, stellte der Geologe mit Erleichterung fest, wollte sich diese aber nicht anmerken lassen und setzte schnell hinzu: »Nur sein Auto hat es in der Nacht mit der Angst zu tun bekommen.«

Der Kalbtaler schwenkte noch immer beide Arme. Unbeeindruckt von dem freundlich wirkenden Empfang bat der Geologe den Piloten, abzudrehen und über das Gelände oberhalb des Gebäudes zu fliegen. Deutlich war das Ausmaß der Hangrutschung zu erkennen. Wie eine Gletscherzunge von klaffenden Spalten übersät, schob sich die Erdoberfläche auf einer Breite von mehreren Hundert Metern zur Ferienhaussiedlung hinab. Das Grundstück des Kalbtaler stemmte sich wie ein Keil dagegen und teilte den Kriechstrom entzwei. Aus der Luft sah der Garten mit dem Häuschen wie eine Insel inmitten eines tobenden, plötzlich erstarrten Ozeans aus.

»Unglaublich«, konstatierte der Geologe. »Was hat den Hang wohl veranlasst, so einen Bogen um diesen Typ zu machen?«

»Ich glaube, jetzt ist nicht der richtige Zeitpunkt für deine Witzchen«, wies ihn der Bürgermeister zurecht. »Seien wir dankbar, dass die Sache so glimpflich ausgegangen ist!«

Der Pilot flog weiter zu der Stelle, wo der Kriechstrom die Landstraße durchbrochen hatte. Die Räumfahrzeuge schoben soeben die letzten Barrieren zur Seite und ebneten die Fahrbahn.

»Unsere Mission ist beendet«, erklärte der Geologe, »in zehn Minuten ist die Feuerwehr beim Kalbtaler.« Dann wies er den Piloten an, das gesamte Katastrophengebiet vom Feuerkogel bis zum gestauten See an der Ach abzufliegen, um sich ein aktuelles Bild der Situation zu verschaffen.

Die Schadensbilanz war verheerend. Die Hangrutschung betraf ein Gebiet im Ausmaß von 1,4 Quadratkilometern. Von den insgesamt zehn Gebäuden kam nur eines – das des Kalbtaler – mit geringen Schäden davon. Die übrigen mussten entweder generalsaniert oder abgerissen werden, sofern überhaupt noch etwas von ihnen übrig war.

Sämtliche Infrastruktureinrichtungen wie Strom-, Telefon und Wasserleitungen waren zerstört. Von 9000 Festmetern Holz konnte kaum etwas geborgen werden, da die Güterwege nicht mehr befahrbar waren.

Siebenundvierzig Grundbesitzern war der abgetretene Teppich, den sie Heimat nannten, unter den Füßen wegzogen worden.

Flurbereinigung
2 Jahre später

»Die Zeit heilt alle Wunden.«
Kaspars Mundwinkel zuckten. Sein Gesicht schien unter einem gewaltigen inneren Druck zu erbeben. Er kniff die Augen zusammen, als versuche er eine unkontrollierbare Energie zu bändigen. Dann sprang er auf und ließ seine Faust so auf die Tischplatte krachen, dass der Bilderrahmen mit dem Porträt der Bürgermeistersgattin umkippte.
»Die Zeit heilt gar nichts!«, schrie er dem erschrockenen Mann ins Gesicht, der nach dem Bild seiner Frau griff und es in Sicherheit brachte. »Wie lange willst du mich noch hinhalten?«, setzte Kaspar wutentbrannt nach und beugte sich drohend über den Schreibtisch.
Der Bürgermeister überlegte, wie er seine unbedachte Floskel zurücknehmen könnte, aber Kaspar ließ ihm keine Zeit zur Antwort. Auf die Faust gestützt und mit der freien Hand auf sein Gegenüber deutend fuhr Kaspar fort: »Zwei Jahre ist es her, dass du uns Hilfe versprochen hast. Du und die anderen Herren. Zwei Jahre – und was ist seither passiert? Ich kann es dir wiederholen, falls du es vergessen hast: Nichts! Nichts ist passiert! Unser Land sieht aus wie damals nach der Katastrophe. Voller Spalten und Löcher. Wie ein Schlachtfeld nach einem Bombenangriff. Soll ich das Saatgut vielleicht in die Gräben werfen? Stellst du dir so die notwendige Begründung

vor, von der der Geologe gesprochen hatte?« Kaspars Stimme war schrill geworden und er rang nach Atem.

Der Bürgermeister nutzte die Pause und beschwor seinen Besucher, sich zu setzen und sich zu beruhigen.

Kaspar wollte sich nicht beruhigen. Er brauchte die Wut, die ihm den Mut gab, seinen aufgestauten Frust loszuwerden. Trotzig blieb er stehen, während der Bürgermeister ihm aufzählte, welche Arbeiten die Gemeinde in letzter Zeit im Gfäll durchgeführt hatte.

»Wir können nicht überall gleichzeitig sein, Kaspar. Das weißt du genauso gut wie ich. Wir helfen wo wir können, aber unsere Ressourcen sind beschränkt. Auch dieser Umstand dürfte dir bekannt sein«, appellierte der Bürgermeister an das Verständnis des Bauern. »Nichts geht von heute auf morgen, alles schön der Reihe nach.«

Kaspar fragte angriffslustig aus seiner stehenden Position herab: »Aber eine Zufahrtsstraße für den komischen Container dieses Studenten konnte man inzwischen bauen. Der ist wohl wichtiger als unsereins?«

»Bitte nimm doch wieder Platz. So kann man nicht vernünftig reden.«

Kaspar blieb stehen.

»Dieser Student ist erstens kein Student mehr, das ist der angehende Geologe von der Katastrophen- und Zivilschutzbehörde. Zweitens macht er notwendige geophysikalische und geoelektrische Untersuchungen. Die Messgeräte und Computer werden in diesem Container untergebracht. Wir hätten ihn mit dem Hubschrauber ins Gelände bringen können, aber eine Zufahrt kam billiger. Die können wir später von dort aus bis zur Meinhofalpe hinauf weiterbauen.«

»Und der Spaltenschluss?«

»Der wird sofort in Angriff genommen, wenn die Arbeiter mit dem Einrichten dieser Messstation fertig sind.«

»Wann?«

»Kaspar, nimm doch Vernunft an! Ich kann dem Bautrupp der Katastrophen- und Zivilschutzbehörde keine Vorschriften machen. Wir müssen froh sein, wenn sie uns unterstützen!«

Mit diesem Satz erhob sich auch der Bürgermeister und blickte dem Kaspar fest in die Augen. Dieser hielt dem Blick stand, obwohl er spürte, wie sein Zorn schwand. Nach einer Weile, die ihm wie eine Ewigkeit vorgekommen war, senkte Kaspar die Augen.

Es sei April, klagte er. Wenn er jetzt nicht säen könne, dann würde das Gras nicht anwachsen, es gäbe kein Grünfutter fürs Vieh und damit bliebe die Situation unverändert wie in den letzten beiden Jahren. »Das ewige Warten zermürbt. Ich will etwas tun. Aufräumen, Ordnung schaffen, wieder neu anfangen. Verstehst du?«

Kaspar suchte im Gesicht des Bürgermeisters nach Anzeichen von Mitgefühl. Er glaubte jedoch nur Überdruss zu erkennen und wurde erneut wütend. Mit einer ausholenden Bewegung deutete er auf das Büroinventar und senkte seine Stimme zu einem drohenden Tonfall: »Du hast hier einen feinen Job. Deine Kühe stehen nicht in fremden Ställen in Miete, du musst kein Futter kaufen, weil auf deinem Boden nichts wächst. Du lebst nicht in einer winzigen Ersatzwohnung. Nein, dir geht es gut. Du bist Bürgermeister von Scheiblegg. Das Gfäll ist für dich nur ein unbedeutender Ortsteil.«

Der Bürgermeister wehrte den Vorwurf mit einer Handbewegung ab, als wolle er ein lästiges Insekt vertreiben.

Kaspar machte eine Pause. Er schluckte hörbar, bevor er mit gepresster Stimme fortfuhr: »Aber im Gfäll gab es einmal einen stattlichen Hof. Dort wohnte ein Bub namens Kaspar. Er ging mit dem Rudi in die Schule. Weißt du noch? Sie saßen nebeneinander. Der Rudi wurde später mit der Stimme vom Kaspar zum Bürgermeister gewählt. Kaspars Hof ist zerstört worden. Kaspar hat alles verloren. Nur seine Stimme ist ihm geblieben. Und die hat das Bitten satt.«

Er drehte sich abrupt um und ging grußlos aus der Amtsstube.

Rudolf Reiter, der Bürgermeister, ließ sich erschöpft in den Bürostuhl fallen und stützte den Kopf in beide Hände. Nachdem er eine Weile regungslos dagesessen hatte, zog er die Schublade auf und holte das Bild seiner Frau heraus. »Noch so ein Auftritt und du hast mich bald für dich allein«, sagte er liebevoll zu dem Gesicht im Metallrahmen.

»Haben Sie mit mir gesprochen?«, rief die Gemeindesekretärin zur Tür herein, die der Kaspar bei seinem Abgang offengelassen hatte.

Der Bürgermeister überlegte, ob sie die Worte verstanden haben könnte und grinste schelmisch, während seine Fantasie wilde Blüten trieb.

»Ich dachte, Sie hätten etwas von mir gewollt«, riss ihn ihre Stimme aus den verbotenen Träumereien. Die Sekretärin stand nun im Türrahmen und blickte den Bürgermeister mit unschuldiger Erwartung an.

»Nein«, sagte er, seinem inneren Impuls widersprechend. »Oder, ja doch. Schließen Sie bitte die Tür.«

Die Sekretärin zog die Tür leise zu.

Von außen.

Alter Depp, schalt sich Rudolf im Stillen, hast wohl genug Sorgen! Es kam ihm der vormittägliche Besuch von Anna, der Enzianwirtin in den Sinn. Ständig lag sie ihm mit dem Baugesuch für die Gfäller Kapelle in den Ohren. Dass er an Gesetze gebunden war, ignorierte sie. Die Wirtin hatte ein Gelübde getan und wollte es jetzt erfüllen. Rote Zonen, die eine ständige Bebauung ausschlossen, interessierten Anna nicht. Gott hatte ihren Gasthof Enzian verschont, zumindest fast verschont, also bekam er jetzt die versprochene Kapelle. Wenn der Geologe, der – so Annas Mutmaßung – mit dem Satan im Bunde stünde, weiterhin gegen den sakralen Bau sei, so solle er als Bürgermeister eben einen anderen Geologen finden, einen gottesfürchtigen. »Sonst gibt es ein böses Erwachen!«, hatte sie gedroht, sich bekreuzigt und war aus der Amtsstube gerauscht.

Kurz darauf hatte der Kalbtaler angerufen. Er warte immer noch auf die schon lange versprochene Asphaltierung. Die provisorische Straße sei eine Zumutung. Wenn nicht bald etwas gegen den Schmutz unternommen werde, würde er eine

Feinstaubmessung veranlassen und die Gemeinde auf Einhaltung der zulässigen Grenzwerte klagen.

»Herrgott noch mal«, war dem Bürgermeister daraufhin der Geduldsfaden gerissen, »das Gelände ist ja noch immer in Bewegung!« An eine Erneuerung der Landstraße denke man erst, wenn der Hang zur Ruhe gekommen sei.

»Ich kann keine Bewegung erkennen.«

»Aber die Vermesser.«

»Ah, diese Experten vom Team des Landesgeologen. Die, die vor zwei Jahren meinen Untergang prophezeit hatten.«

Der Bürgermeister versuchte den süffisanten Ton zu überhören und sachlich zu bleiben: »Die aktuellen Messergebnisse zeigen zwar eine Abnahme der Bewegung, die Geschwindigkeit liegt aber in bestimmten Bereichen nach wie vor bei einigen Millimetern im Monat. Und das hält keine Asphaltdecke unbeschadet aus. Auf Wiederhören.«

Damit hatte er den Hörer auf den Apparat geknallt.

*

Im Gfäll sah es trostlos aus. Kaspar Bahls Vergleich mit einem Schlachtfeld war gut gewählt, aber er hätte das Gebiet auch als »Mondlandschaft« oder »wie nach einem Vulkanausbruch« beschreiben können. Von Scheiblegg kommend, wo der Frühling in üppigen Farben schwelgte, endete mit der Asphaltdecke der Landstraße auch das Grün der Vegetation. Das Auge des Betrachters suchte auf der nackten Erde, die vom Kamm des Feuerkogels bis zur Ach hinab ihres Pflanzenkleides beraubt war, nach Anzeichen von Leben. Aber bis auf wenige Flecken mit Distelgestrüpp schien sich nichts auf dem trockenen Boden behaupten zu können. Vereinzelte Bäume in grotesken Schräglagen dorrten vor sich hin, ihre Wurzelballen waren zerrissen worden. Folgte man der staubigen Piste in dieses Ödland hinein, konnte man sich des Gefühls nicht erwehren, inmitten einer großen Wunde zu sein. Die klaffenden Spalten, die Risse und Gräben boten ein grauenhaftes Bild. Als hätte die Totenstarre eingesetzt, bevor Mund und Augen geschlossen werden konnten.

Hinter der nächsten Biegung durchschnitt die Fahrbahn einen schwarzgrauen Wall, der wie ein Lavastrom vom Berg herabgeflossen war. Dahinter sah man die Dächer der Ferienhaussiedlung; jeder Giebel in eine andere Richtung deutend. Leere Fensterhöhlen starrten auf die provisorische Straße herab, Türen baumelten lose in den Angeln. Geisterhafte Wohnstätten, ausgeschlachtete Ruinen. Nur das Unbrauchbare, das Kaputte war in ihnen verblieben.

Weiter taleinwärts traf man auf einen künstlichen Graben, von Baggern und Planierraupen in V-Form angelegt, um das Wasser aus dem Hang zu leiten. Eine kleine Brücke half der Straße über diesen Einschnitt hinweg.

Auf der anderen Seite bot sich ein grotesker Anblick. Da stand ein schmuckes Häuschen in einer grünen Oase. Völlig unversehrt. Mit farbenfrohen Blumenrabatten und zwei Gartenzwergen. Ein Geländewagen parkte davor auf einem Fleckchen Asphalt. Man hätte meinen können, das Ende der Rutschung sei erreicht, wäre nach fünfzig Metern nicht wieder das gleiche Bild der Zerstörung zu sehen gewesen. Auch noch nach zweihundert Metern, wo der Gasthof Enzian in einer von Baggerspuren gezeichneten Landschaft stand.

Hier musste man dem Vorwurf Kaspar Bahls, nichts sei seit der Katastrophe geschehen, widersprechen. Die Katastrophen- und Zivilschutzbehörde hatte das Gelände im letzten Jahr massiv verändert. Überall durchzogen die V-förmigen Gräben die Hänge, Zufahrtswege waren zu den Quellen und Messstellen geschoben und Behelfsbrücken errichtet worden. Einsturzgefährdete Gebäude hatte man planiert und Schadholz abtransportiert. Dass das Gebiet dennoch aussah wie ein Schlachtfeld, lag an seiner Größe. Die Anstrengungen der Katastrophen- und Zivilschutzbehörde konzentrierten sich nach wie vor darauf, Gefahren und Folgeschäden abzuwehren. Von der Instandsetzung war man noch weit entfernt.

Momentan arbeitete der Bautrupp an der Messstrecke im sogenannten Schuttstrom, der sich am ramponierten Hof von Kaspar Bahl vorbei hinab zur Ach wälzte. Diese zäh fließende Erdmasse war trotz Rückgang der Geschwindigkeit immer noch in Bewegung. Gute zwanzig Zentimeter im Monat kroch der graue Mergelschlamm ins Tal. Das Forschungsprojekt sah vor, über geoelektrische Messungen den Widerstand im Schuttstrom zu ermitteln und daraus den Wassersättigungsgrad abzuleiten. Gleichzeitig sollten Daten über die Niederschlagsmenge aufgezeichnet werden und Vermessungen die Bewegungsgröße liefern.

Diese Parameter würden den Zusammenhang zwischen Niederschlag und Rutschung klären und zukünftig das Verhalten eines Hangs vorhersagbar machen. So lautete jedenfalls das hehre Ziel der Diplomarbeit, die dem jungen Geologen Jonavic zu einem akademischen Titel verhelfen sollte.

Jonavic stammte aus Oberwart. Und weil die Anreise vom Burgenland nach Vorarlberg recht zeitraubend war, hatte er die Pläne dem Bauleiter der Katastrophen- und Zivilschutzbehörde in die Hand gedrückt. So müsse es aussehen, wenn er in einem Monat wiederkäme.

Engelbert, der Bauleiter, war froh, dass der angehende Geologe nur mehr in Form seiner Pläne vertreten war. Er hatte mit dem »Gschtudierten« in letzter Zeit ziemliche Probleme gehabt. Der jüngste Streit lag bloß zwei Tage zurück:

Die Meinhofquelle, die seit der Hangrutschung verschüttet war, sollte erneut gefasst werden. Engelbert kam mit seinem Bautrupp zur vereinbarten Stelle, wo Jonavic mit Signalspray alle Wasseraustritte bereits markiert hatte. Im Umkreis von circa vierzig Metern quollen zahlreiche Bächlein aus dem Boden.

»Und wo soll ich jetzt graben?«, fragte Engelbert den angehenden Geologen.

»Ja hier«, reagierte dieser verständnislos und zog mit der Hand einen großen Bogen über alle Farbtupfen hinweg.

»Ich ackere doch keinen Platz mit über 1000 Quadratmetern um!«, weigerte sich Engelbert.

Jonavic beharrte darauf. Anders werde man die Quelle eben nicht finden.

»Oh, doch«, erwiderte Engelbert und griff zum Telefon. In einer halben Stunde käme die Lösung, verkündete er nach dem Gespräch im Dialekt, das Jonavic nicht verstanden hatte.

»Und die lautet?«, musste der Burgenländer nachfragen.

»Wünschelrute.«

»Ha! Aberglauben. Und auf den richtigen Mond wollt ihr dann wahrscheinlich auch noch warten?«

»Du sagst es.«

Der Mann aus dem Nachbardorf traf fünfundvierzig Minuten später ein. »Reine Zeitverschwendung«, hatte Jonavic die Wartezeit über gejammert. Aber Engelbert hatte sich taub gestellt und den Bagger nicht gestartet.

Zehn Minuten später war alles erledigt. Der Mann war ein paar Mal mit konzentriertem Blick über das Gelände geschritten, wobei er zwei Weidenruten in seinen Händen hielt. Sobald sich diese, wie von unsichtbarer Kraft gezogen, nach unten bogen, blieb er stehen und rammte einen Pflock in den Boden. »Hier in zwei Metern Tiefe«, sagte er, packte die Wünschelruten in den Rucksack und fuhr mit seinem Moped wieder davon.

Engelbert ließ die Baggerschaufel an der gekennzeichneten Stelle vorsichtig die Erde abtragen. Bereits in eineinhalb Metern Tiefe war der Wasserdruck so groß, dass die Quelle sich selbst befreite und hervorsprudelte.

»Und der richtige Mond?«, fragte Jonavic geschlagen.

»Der ist heute. Im Wassermann und über-sich-gehend. Darauf hab' ich bereits geachtet«, triumphierte Engelbert.

Die Genugtuung war bald verflogen. Der Bauleiter blickte mürrisch auf die Baustelle entlang der Messstrecke. »Jetzt sollte er da sein, der künftige Herr Geologe«, dachte sich Engelbert. Interessieren würde es ihn, welchen Vorschlag Jonavic wohl hätte, um die Kabel für die Messleitung im Schuttstrom sicher zu verlegen. Engelbert starrte in den grauen Erdbrei, als könne er die Bewegung mit freiem Auge erkennen. Da kam ihm eine Idee und er rief den Bauunternehmer Hauser in Scheiblegg an:

»Du Alois, ich brauche acht Schächte. – Ja, der Engelbert ist am Apparat. – Acht Schächte, hörst du? Und zwar sofort. – Was? Ja, halt Schächte, ganz normale Schächte, wie man sie zum Kanalbau verwendet. Die wirst du wohl auftreiben können! – Morgen? – O.K. Aber gleich in der Früh.«

Engelbert klappte das Mobiltelefon zu und nickte zufrieden. Schächte waren die Lösung. Die würde er entlang der Messstrecke einbauen. Im Hohlraum eines jeden Schachtes ließen sich mehrere Meter Schlaffkabel in losen Schlaufen unterbringen, die bei Bedarf herausgezogen werden konnten. So würde ein Kabelriss verhindert.

Der Bauleiter ging zu seinem Baggerfahrer, der sich seit Stunden mühte, einen stabilen Graben für die Kabelführung aus dem Schuttstrom zu heben. »Engelbert ich komm nicht vom Fleck«, klagte der Fahrer, »das Erdreich ist wie ein zäher Teig.«

»Für heute hast du dich genug geärgert«, munterte ihn Engelbert auf, »mach lieber etwas Gescheites. Kannst am Nachmittag eine Zufahrt zu Bahls Hof legen und ringsum den Schutt wegbaggern. Der Kaspar wollte schon lange mit dem Aufräumen beginnen, aber er konnte ja nicht einmal mit einem Traktor zu seinem Haus hin.«

*

Das Bauunternehmen Hauser bot sämtliche Dienstleistungen an, zu denen Bagger, Planierraupen, Muldenkipper und Lastkraftwagen notwendig waren. Die meisten Aufträge betrafen daher den Straßenbau und Aushubarbeiten, aber auch das Transportwesen war ein wichtiges Standbein des Betriebs. Seit die Katastrophen- und Zivilschutzbehörde für die Arbeiten im Gfäll Unterstützung brauchte, ging es mit dem Bauunternehmen steil bergauf. Denn hier wurden die tatsächlichen

Leistungen, die Arbeits- und Maschinenstunden abgegolten, und nicht wie sonst auf Angebotspreisen beharrt.

Alois Hauser, der Gründer des gleichnamigen Betriebs, war ein wichtiger Mann in Scheiblegg. Nicht, weil er neben der hiesigen Sennerei der größte Arbeitgeber im Dorf war, sondern weil er immer ein offenes Ohr für die Menschen hatte. Jeder konnte mit seinen Problemen an ihn herantreten. Ob es sich um eine Fuhre Sand für den Spielplatz des Kindergartens handelte, oder ob ein Boiler im Keller geplatzt war und dringend Pumpen benötigt wurden – egal, man wandte sich an Alois.

»Der Loisl«, so hieß es im Dorf, »hat immer eine gute Idee. Und wenn er selbst nicht helfen kann, dann schickt er einen zu den richtigen Leuten.«

Alois selbst hatte drei Probleme: Er konnte nicht Nein sagen. Sein Handy läutete ununterbrochen und er fand keine Zeit für eine Familie. Genaugenommen handelte es sich also nur um eine einzige Schwäche. Aber weil seine Beliebtheit gerade auch mit dieser Unfähigkeit, jemandem eine Bitte abzuschlagen, zusammenhing, änderte sich an den Folge-Problemen nichts.

So war Alois Hauser gerade auf dem Weg zum Gasthof Lindenbaum gewesen, als ihn Engelberts Anruf wegen der Kanalschächte erreichte. Spontan setzte er sich auf eine Gartenmauer und begann mit verschiedenen Firmen im Rheintal zu telefonieren, um Schächte einzukaufen und danach seine Fahrer mit dem Transport nach Scheiblegg zu beauftragen. Der Bauunternehmer war derart vom Baustellenlärm geprägt, dass er selbst dann ins Telefon schrie, wenn er von Stille umgeben war.

Von der Stimme angelockt, erschien eine Gestalt am Fenster des Hauses hinter ihm und die Gardinen bewegten sich leicht. Kurz darauf kam eine Frau in den Garten, wischte sich die Hände an ihrer Schürze ab und trat unbemerkt an Alois' Rücken heran. Als der Bauunternehmer eine neue Nummer tippen wollte, berührte sie ihn sacht an der Schulter.

»Ich hätte da eine Bitte«, sagte sie und ignorierte den erschrockenen Gesichtsausdruck des Angesprochenen.

Alois hob genervt das Mobiltelefon an sein Ohr und merkte erst jetzt, dass er noch gar nicht gewählt hatte. Die Frau flüsterte ihm ins andere Ohr, dass ihr Hund gestorben sei. Der Labrador, er könne sich sicher erinnern. Alois verzog gequält das Gesicht und tat als hätte er einen Gesprächspartner in der Leitung. Er rief »Hallo?« und »Moment mal, ich verstehe Sie schlecht« und stand von der Mauer auf. Die Frau wich nicht von seiner Seite. Alois setzte sich langsam in Richtung Gasthaus in Bewegung, sah aber aus den Augenwinkeln, dass die Frau ihm wie ein Schatten folgte. Es gab kein Entrinnen und Alois beendete sein unwürdiges Theaterspiel. Er sagte: »Ich rufe gleich zurück« und wandte sich der Frau zu.

»Mein Rex war so ein schöner Rüde, er – «

»Um was geht's Ida? Mach's kurz, du siehst, ich bin im Stress.«

»Mein lieber Rex, es würde mir das Herz brechen, ihn einfach zur Tierkadaververwertung –«

»Das ist bitter, aber so endet das Leben.«

»Loisl, so kenn' ich dich gar nicht! Ich dachte, gerade du könntest das verstehen und mich vielleicht ein wenig unterstützen.«

»Unterstützen?«

»Ich hab doch einen großen Garten, da wäre genügend Platz. Aber Rex war –, nein ist er immer noch, also Rex ist zu groß – ich schaffe das alleine nicht und mein Mann kommt erst in einer Woche wieder. Bis dahin riecht er schon.«

»O.K.«, seufzte Alois, »Ich hab' verstanden. Ich schick' dir jemand vorbei.«

Auf dem Weg zum Gasthaus beendete der Bauunternehmer das letzte Telefonat mit den Worten: »Und wenn du die Schächte nach Scheiblegg bringst, nimm eine Schaufel mit und bleib bei der Ida stehen. – Nein, du musst die Schächte nicht von Hand eingraben, du musst ihren Hund beerdigen. – Ja, ihren Hund. Im Garten. Ist das denn so schwer zu verstehen? – Natürlich ist er schon tot! – Ja, geht in Ordnung. – Nein, die Schächte kommen zu mir und morgen früh ins Gfäll. – Ja, darüber sprechen wir noch. Also bis bald.«

Alois starrte das Mobiltelefon verwundert an, als hätte es ihm eine Frage gestellt. Langsam ließ er es in seine Tasche gleiten und blickte geistesabwesend in Richtung Gfäll. Acht Kanalschächte. Ein guter Auftrag, ohne Zweifel, aber wofür? Die Häuser dort hatten früher bloß Senkgruben besessen und jetzt waren sie zerstört. Bekam der Enzian einen Kanalanschluss? War dies eine Auflage für die Gästezimmer, die die Anna zusätzlich ausbauen wollte?

Beim Gedanken an das Gasthaus fiel ihm sein eigenes Mittagessen wieder ein. Mittlerweile war es sicher kalt geworden und seine Schwägerin, die Köchin im Lindenbaum, würde ihn mit den üblichen Vorwürfen empfangen.

*

Nachmittags herrschte Ruhe im Gemeindeamt. Der Parteienverkehr war auf die Zeit von 8:00 bis 12:00 Uhr beschränkt und die Sekretärin arbeitete nur halbtags an drei Tagen in der Woche. Sie hatte die geöffnete Post auf den Schreibtisch gelegt, den Telefonanrufbeantworter aktiviert und war kurz nach Mittag mit dem Bus ins Nachbardorf zurückgekehrt.

Als der Bürgermeister eine Stunde später sein Büro aufsperrte, war der Duft ihres Parfums kaum mehr wahrnehmbar. Dennoch schnupperte Rudolf und lachte über sein törichtes Verhalten. Er summte das alte Vorarlberger Mundartlied, das zuvor im Heimatradio aufgewärmt worden war. Es war ihm zwar nur der Refrain in Erinnerung geblieben, aber das genügte für eine Endlosschleife. Immer wieder sang er: »He du alter Lalli, i ka di net verstoh', wäga so am Meiggi alls grad liga loh.«

Die neue Sekretärin war das einzig Positive, das die Hangrutschung mit sich gebracht hatte. Alleine, so wie früher, konnte er die Mehrarbeit, die Flut von Anträgen, die kompliziert gewordenen Bauverfahren nicht mehr abwickeln. Und seine Frau, die ihm in den Jahren zuvor ab und zu für die Schreibarbeit eingesprungen war, konzentrierte sich lieber auf den Erhalt des kleinen Dorfladens, dem sie mit viel Mühe neues Leben eingehaucht hatte. Gleichzeitig aber – so kam es Rudolf jedenfalls vor – warb sie wieder mehr um ihn. Das bisschen Eifersucht, wenn auch völlig unbegründet, tat ihrer Ehe gut.

Der Bürgermeister griff zum Telefon und wählte die Nummer des Landesgeologen.

Die Anna sei wieder bei ihm vorstellig geworden, berichtete der Bürgermeister, wegen der Kapelle. Er wisse zwar, dass es kaum gesetzlichen Spielraum gäbe, aber vielleicht fände sich eine positive Art der Interpretation, schließlich handle es sich doch eher um eine Art Gedenkstätte als um ein Bauwerk im Sinne des Baurechts.

»Ein Gotteshaus ist es«, antwortete der Geologe, »Vielleicht nicht der Hauptwohnsitz, so wie es sich die Anna wünscht, aber zumindest eine zeitweilige Unterkunft.«

»Ernst, ich bitte dich, kannst du nicht einmal deinem Namen gerecht werden?«, bat der Bürgermeister. »In der Gemeinde empfindet man deine Haltung als arrogant. Niemand versteht, warum die Kapelle nicht wieder aufgebaut werden darf.«

»O.K. Spaß beiseite. Du kennst die Gesetzeslage genauso gut wie ich. Kein Neubau ist im Gfäll erlaubt. Nur Instandsetzungen und, wenn wir alle Augen zudrücken, ein Zubau oder eine Erweiterung. Geben wir bei der Kapelle nach, schießen die Ställe, Geräteschuppen, Alpgebäude und Wohnhäuser wie Pilze aus dem Boden. Und mit welchem Argument willst du dann dagegen auftreten?«

»In der Kapelle wohnt ja niemand. Das fällt doch nicht unter ständige Besiedelung?«

»Ansichtssache. Frag mal die Anna!«, lachte der Geologe.

»Die sagt, du seiest mit dem Teufel im Bunde.«

»Wirklich? Das wird ja immer lustiger!«

Der Bürgermeister wartete, bis das Kichern verebbte und hakte dann mit ernster Stimme nach: »Siehst du also wirklich keine Möglichkeit?«

»Selbst wenn ich mit Gott statt mit Satan im Bunde und über dem Gesetz stünde, wüsste ich keinen geeigneten Bauplatz für die Kapelle. Da, wo sie früher stand, ist jetzt ein großer Graben. Das Gfäll ist nach wie vor in Bewegung und ein schiefer Kirchturm würde niemanden erfreuen. Als ruhige Zonen zeichneten sich in den vergangenen Jahren nur zwei Gebiete aus: Eines, wo die Metzger-Alpe steht. Die hat sich zwar nicht bewegt, dafür ist der Schuttstrom durch sie hindurch geflossen und hat alles zerstört. Bleibt also nur das Gebiet Nummer zwei: Das Grundstück vom Kalbtaler. Wenn du den dazu bringst, sich einen Glockenturm aufs Dach setzen zu lassen und sein schmuckes Häuschen in einen Gebetsraum zu verwandeln, so hast du meine volle Unterstützung!«

»Ernst! Mit dir kann man wirklich nicht normal diskutieren!«, ärgerte sich der Bürgermeister, obwohl auch er bei der Vorstellung vom Kalbtaler als Mesmer schmunzeln musste.

»Über Gesetze kann man nicht verhandeln«, antwortete der Geologe patzig. »Ich überlebe in meinem Beruf nur, wenn ich nie anfange, mit zweierlei Maß zu messen.«

»Dein Vorgänger war da etwas kulanter«, konnte sich der Bürgermeister nicht verkneifen.

»Dann frag' doch ihn. Dr. Gütl geht erst mit Jahresende in Pension. Vielleicht sagt er etwas anderes. Du kennst ja das geflügelte Wort: Zwei Geologen – vier Meinungen!« Der Geologe prustete los.

Weil das Lachen am anderen Ende der Leitung gar kein Ende nehmen wollte, legte Rudolf den Hörer sachte auf, als ließe sich die Unhöflichkeit seines grußlosen Abschieds dadurch mindern.

Die erschlichene Stille war betäubend.

Die Gedankenwirbel verloren plötzlich ihren Schwung, kippten wie abgebremste Kreisel um und zerfielen zu sinnlosen Wörtern. Der Bürgermeister starrte geistesabwesend vor sich hin. Gegen das Lachen hatte er sich wehren können, aber das Gefühl der Ohnmacht blieb und lähmte ihn.

Das Vibrieren seines Mobiltelefons riss den Bürgermeister aus der Lethargie. Ein Blick auf die anrufende Nummer beruhigte sein schlechtes Gewissen. Es war nicht der Geologe, der erst jetzt bemerkt hatte, dass sein Lachen nicht erwidert worden war, sondern der Bauunternehmer Hauser. Dieser wollte wissen, weshalb man derart überstürzt mit der Kanalisierung im Gfäll beginne und ob dies mit dem Gästezimmerausbau des Enzian in Zusammenhang stünde.

Diesmal war es am Bürgermeister, laut zu lachen und er kostete den Augenblick so lange aus, bis sein »Hahaha« dem des Geologen zu ähneln begannen.

»Da weißt du bedeutend mehr als ich, Alois«, gestand er schließlich dem Bauunternehmer. »Über eine Kanalisierung des Gfälls ist nie nachgedacht worden, weder vor der Rutschung noch in bewegten Zeiten wie diesen.« Rudolf stockte kurz, weil er sich dabei ertappt hatte, den Wortwitz des Geologen nachzuahmen. Dann fuhr er mit seriös klingender Stimme fort: »Und von Erweiterungsplänen des Enzian ist mir außer Gerüchten bislang nichts zu Ohren gekommen. Die Anna träumt von vielen Dingen, die nicht zu verwirklichen sind. Es steht ja noch nicht einmal fest, ob das Gfäll überhaupt jemals wieder bewohnt werden darf.« Der Bürgermeister erschrak bei seinen eigenen Worten. Der letzte Satz war gegen seinen Willen herausgerutscht. Er hoffte, der Bauunternehmer habe ihn vielleicht überhört, aber Alois hakte sofort nach und wollte wissen, wie er diese Aussage verstehen solle.

»Ach gar nicht«, improvisierte der Bürgermeister hilflos, »das war ein Scherz.« Er schob zur Untermauerung ein kurzes Lachen ein. »Eine offizielle Stellungnahme zum Wiederaufbau seitens der Bundesbehörde ist noch ausständig. Reine Formsache. Aber sie sind nun mal die Geldgeber und wir müssen ihre Entscheidung abwarten.«

»Aha«, sagte der Bauunternehmer nur und es war nicht herauszuhören, ob er der Erklärung des Bürgermeisters Glauben schenkte. Dann fragte er nach der Verwendung der acht Kanalschächte. Diesmal brauchte der Bürgermeister nicht zu lügen, denn er hatte keine Ahnung, was die Katastrophen- und Zivilschutzbehörde im Gfäll damit vorhatte. Er werde beim Sektionschef nachfragen, versprach Rudolf.

Kurz darauf hatte er den Hofrat Machinski am Apparat. Dass selbst dieser, als oberster Chef der Katastrophen- und Zivilschutzbehörde in Vorarlberg, nichts von den Schächten wusste, war dem Bürgermeister ziemlich egal. Es brannte ihm eine viel wichtigere Frage unter den Nägeln.

»Wann wird die Entscheidung über die Nutzung des Gfälls endlich fallen?«, fragte er übergangslos und dachte an die Verzweiflung des Kaspar Bahl von heute Vormittag. Nie hätte er es fertig gebracht, seinem ehemaligen Schulkameraden zu sagen, dass es ganz andere Vorstellungen von der Zukunft des Gfälls gab. Ohne Landwirtschaft und ohne Bauern.

Drei Vorschläge würden derzeit auf ihre Umsetzbarkeit geprüft, antwortete der Sektionsleiter, wobei neben den notwendigen finanziellen Investitionen auch die Nachhaltigkeit und die Auswirkungen auf die Gemeinde im Hinblick auf den Tourismus zu berücksichtigen seien. Daher käme der Truppenübungsplatz für das Militär eher nicht in Frage.

»Ein Truppenübungsplatz?«, entfuhr es dem Bürgermeister. »Das kann doch nicht Ihr Ernst sein!«

Es gäbe einige Argumente, die dafür sprächen, bekam der Bürgermeister zur Antwort. Die Abgeschiedenheit, die bereits zerstörte Natur, auf die man keine Rücksicht mehr nehmen müsste, die Grenznähe et cetera. Für die Gebäuderuinen hätte sich sogar die Eliteeinheit der Polizei interessiert. Die Ländle-Cobra könnte dort den Häuserkampf trainieren.

Der Bürgermeister schnaubte vor Entrüstung, worauf sich der Sektionschef beeilte, mitzuteilen, dass die militärische Nutzung ja so gut wie vom Tisch sei. Kein Grund zur Aufregung also. Auch die diskutierte Motocrossstrecke stünde nur mehr als abstrakte Idee im Raum. Anders verhielte es sich jedoch mit dem Naturschutzgebiet. Da es sich bei der Gfäller Rutschung schließlich um die größte Hangbewegung Europas handle, wäre das Interesse von vielen Seiten groß, den derzeitigen Zustand des Geländes zu bewahren. Mit allem Drum und Dran. Mit den Spalten im Boden, mit den schiefen Bäumen, mit den zerstörten Gebäuden.

»Und mit den Gfällern als Statisten«, ergänzte der Bürgermeister empört. »Die könnten dann kreidebleich geschminkt vor die japanischen Kameras treten, auf ihre Hausruine zeigen und fragen, ob die Touristen vielleicht eine Führung durch das zerstörte Schlafzimmer wünschten.«

»Herr Bürgermeister«, warf der Sektionschef in tadelndem Tonfall ein, »Ihre Interpretation unserer Idee ist zynisch und entspricht keineswegs unserer Vorstellung von einem Naturschutzgebiet. Wir wollen die Geologie, die Einmaligkeit des Ereignisses in den Vordergrund stellen und nicht das Leid von ein paar Alp- oder Ferienhausbesitzern. Uns schwebt eine Art geologisches Freilichtmuseum vor. Das ließe sich auch als Tourismuskonzept gut vermarkten und könnte ihre Gemeindekasse wieder aus den roten Zahlen bringen.«

»Herr Hofrat«, entgegnete der Bürgermeister und bemühte sich, seine Wut im Zaum zu halten. »Nicht meine Interpretation ist zynisch, sondern die Idee dieses Katastrophenmuseums selbst. Sie müssten dazu siebenundvierzig Grundbesitzer enteignen. Es handelt sich also keineswegs nur um ein paar Alp- und Ferienhausbesitzer. Viele hatten ihren ständigen Wohnsitz im Gfäll, sind dort aufgewachsen, haben sich eine Existenz aufgebaut. Die Rutschung hat ihnen alles zerstört, aber diese tapferen Menschen wollen den Schicksalsschlag überwinden und neu beginnen. Da tritt eine Behörde auf den Plan, mächtiger als die Natur und nimmt den Gfällern ihre Heimat ein zweites Mal weg. Diesmal endgültig. Das ist Zynismus!«

»Herr Reiter, ich muss doch sehr bitten«, reagierte der Sektionschef beleidigt. »Sie sind viel zu emotional.«

Dann erklärte er dem Bürgermeister, dass in Bezug auf das Gfäll eine überregionale Sichtweise angebrachter sei als die örtliche, an Bürgern orientierte. Obwohl er natürlich Verständnis dafür habe, dass ein Bürgermeister auch an die nächsten Wahlen denken müsse. Dennoch müsse man die Tatsache berücksichtigen, dass ein kompletter Wiederaufbau im Gfäll nicht möglich sei. Die Rutschung habe eine Überarbeitung des Gefahrenzonenplans zur Folge und das Gfäll würde sicherlich zur Gänze als rote Zone ausgewiesen werden. Und rote Zone hieße nun mal, daran könne auch ein Sektionschef nichts ändern, dass das Gebiet nicht für eine ständige Besiedelung geeignet ist.

Der Bürgermeister wollte etwas einwerfen, aber er kam nicht zu Wort. Er musste sich (zum wievielten Male schon?) die Aufzählung der Segnungen der Katastrophen- und Zivilschutzbehörde anhören, die seit der Rutschung über sein Dorf gekommen waren. Angefangen von den wochenlangen Baggerarbeiten im Kampf um den Erhalt des Gasthofs Enzian, über die ständigen Erneuerungen der Zufahrtswege, bis hin zum Ziehen der Entwässerungsgräben. Ob er wissen wolle, was dies alles gekostet habe?

Rudolf Reiter schüttelte resigniert den Kopf. Am anderen Ende der Leitung wurde die stumme Antwort offenbar verstanden, denn der Vortrag ging nach kurzer Unterbrechung weiter. Ein Spaltenschluss, so wie ihn die Bauern jetzt forderten, damit sie mit den Traktoren ungehindert auf den Feldern herumkurven könnten, würde neuerlich Unsummen von Geld verschlingen. Geld, das die Gemeinde nicht besäße. Das sei der finanzielle Aspekt für das Konzept des Naturschutzgebietes gewesen. Die ursprüngliche Idee sei jedoch bereits vor zwei Jahren geboren worden. Als die Gfäller aus dem Rutschgebiet evakuiert werden mussten. Damals sagten sie alle, bis auf den einen verstockten Mann – »Wie hieß er denn noch?«

»Kalbtaler«, soufflierte der Bürgermeister.

»Ja genau, also niemand außer diesem Kalbtaler wollte jemals dorthin zurückkehren. Bereits damals wurden erste Überlegungen angestellt, welche wirtschaftlich sinnvolle Nutzung für das Gfäll zukünftig in Frage kommt. Das hat alles nichts mit Zynismus zu tun, lieber Herr Bürgermeister. Dass ihre Bauern die Katastrophe so schnell verdrängt haben und plötzlich wieder in diese Bedrohung zurück wollen, konnten wir nicht ahnen.«

»Verstehen auch nicht?«

»Verstehen, verstehen – die Frage geht an der Sache vorbei. Wir müssen planen, budgetieren und langfristige Ziele vor Augen haben. Da können wir nicht jede Meinungsänderung berücksichtigen und gleich alle unsere Konzepte über den Haufen werfen. Das werden Sie hoffentlich *verstehen*.«

»Herr Sektionschef, ich teile Ihnen hiermit neuerlich den Standpunkt der Gemeinde Scheiblegg mit. Wir sind gegen ein Naturschutzgebiet. Unserer Meinung nach sollten Mittel und Wege gefunden werden, dass das Gfäll so schnell wie möglich wieder landwirtschaftlich genutzt werden kann und die Bewohner – unter bestimmten Auflagen natürlich – zurückkehren dürfen. Für dieses Anliegen hat sich auch der zuständige Landerat Erwin Rother stark gemacht.«

»Ich weiß, ich weiß. Aber Politiker, die sich in Gummistiefeln in Katastrophengebieten medienwirksam positionieren, sagen schnell etwas Unbedachtes, das sich später als nicht umsetzbar erweist. Wir werden eine gemeinsame Besprechung anberaumen, in der wir das Konzept im Detail dem Land und der Gemeinde vorstellen wollen. Vielleicht können wir Sie dadurch mit ins Boot holen.«

»Eine Besprechung! Bis dahin vergeht Zeit! Zeit, die jetzt genutzt werden könnte«, eiferte sich der Bürgermeister und dachte an Kaspar Bahl, der mir der Aussaat beginnen wollte. »Wir brauchen jetzt eine Entscheidung!«

»Übers Knie brechen lässt sich gar nichts. Überstürzte Handlungen entsprechen nicht unserer Vorgangsweise. Sie hören von uns. Guten Tag.«

Der Bürgermeister starrte aus dem Fenster. Der Kirchturm tauchte ins Licht der Nachmittagssonne, wie ein Kinderfinger in einen Topf Honig. Eine Windbö riss eine gelbe Wolke aus der Birke neben dem Friedhof und zog den Schleier aus Blütenstaub hinter sich her. Kinder sausten auf Fahrrädern rund um die Blumenrabatten der Verkehrsinsel, warfen plötzlich ihre Drahtesel auf die Straße, rannten zum Brunnen und bespritzten sich kreischend mit dem eiskalten Wasser.

Seit die Landstraße durch die Rutschung im Gfäll eine Sackgasse geworden war und hinter der Kirche nur mehr fünf Anrainer wohnten, störte es niemanden, wenn Kinderspielzeug mitten auf der Fahrbahn lag.

»Wenn die Verkehrsverbindung wieder durchs Gfäll bis ins benachbarte Deutschland hergestellt sein wird, wird man die Kinder erneut lehren müssen, vorsichtig zu sein«, dachte sich Rudolf Reiter.

Wenn.

Alle seine Vorhaben begannen mit diesem verdammten Wort, das eine Bedingung voraussetzte. Wenn. Er hasste das Wort. Auch das Wann, das sich nur durch einen Laut unterschied. Es beinhaltete Zeit. Warten auf etwas Unbestimmtes. Er dachte an die neuen Küchenmöbel, die Kaspar Bahl zu Beginn der Rutschung aus seinem bedrohten Heim hatte ausbauen lassen und die seitdem im Keller des Gemeindeamts lagerten. Der Staub von zwei Jahren hatte sich darauf gesammelt.

Der Bürgermeister sah auf die Uhr und seufzte. Vor ihm lag der unerledigte Stapel Post. Ein »feiner Job«, hatte Kaspar ihm vorgeworfen. Seit der Rutschung konnte von »fein« allerdings keine Rede mehr sein. Die Teilzeitarbeit hatte sich in einen stressigen Vollzeitjob gewandelt. Seinen Nebenberuf musste er vorübergehend an den Nagel hängen. Aber es war nicht die unbezahlte Mehrarbeit, die ihn belastete. Es war die Machtlosigkeit. Selbst bei vollem persönlichem Einsatz war er nicht in der Lage, effektiv zu helfen, Verfahren zu beschleunigen und Unglück zu mildern. Es fehlten ihm sowohl die finanziellen Mittel als auch die rechtliche Kompetenz. Trotz all seiner Bemühungen ging nichts weiter.

Es kam ihm vor, als würde er zwischen Behörden und Dorfbewohnern wie zwischen zwei Mühlsteinen aufgerieben werden.

Dazu kam die prekäre Budgetsituation von Scheiblegg. Die Einnahmen waren seit der Katastrophe im Gfäll drastisch zurückgegangen. Den von der Katastrophe betroffenen Grundbesitzern hatte man im Kulanzweg die Grundsteuer bis auf weiteres erlassen. Dies riss ein gewaltiges Loch ins Budget.

Vom Sennereibetrieb kamen kaum mehr Abgaben. Seit die Milchlieferungen aus dem Gfäll völlig ausgeblieben waren, kämpfte der Betrieb ums eigene Überleben. Und die negative Berichterstattung in den Medien hatte die Touristen abgeschreckt, höchstens Tagesgäste waren gekommen, um ihre Sensationsgier zu stillen. Der Rückgang der Nächtigungen traf vor allem die privaten Beherbergungsbetriebe, machte sich jedoch auch in der Gemeindekasse bemerkbar.

Die geplanten Projekte, von der Kindergartensanierung über den Turnsaalumbau bis hin zur Renovierung des Feuerwehrhauses, lagen alle auf Eis. Die Zuschüsse für die Blasmusik, den Trachtenverein und den Traktoroldtimerclub hatte er notgedrungen kürzen müssen und sich dadurch boshafte Kritik zugezogen. Die ursprüngliche Solidarität mit den Gfällern war verlorengegangen. Man sah nur die gestiegene Pro-Kopf-Verschuldung, warf ihm Misswirtschaft und Blockadepolitik vor. Neid und Angriffsfläche bot auch die Einstellung der hübschen Sekretärin. Wegen ihrer Attraktivität war sie sofort als Mätresse auf Gemeindekosten abgestempelt worden. Und plötzlich stand sein eigener Lohnverzicht für die Mehrarbeit in ganz anderem Licht da. Es sei schließlich klar, dass er nachmittags arbeiten müsse, wenn er sich vormittags mit der Sekretärin vergnügte, lautete das Gerücht.

Ein »feiner Job«.

Bisweilen hatte der Bürgermeister den Bauunternehmer Alois Hauser im Verdacht, den Unmut der Bevölkerung absichtlich zu schüren. Angeblich habe er sich am Stammtisch im Lindenbaum schon einmal als der zukünftige, als der bessere Bürgermeister präsentiert.

*

Am nächsten Morgen folgten dem Lastwagen der Firma Hauser etliche Fahrzeuge ins Gfäll. Der Bauleiter Engelbert wunderte sich über das plötzlich erwachte Interesse der Dorfbewohner an der Messstrecke des angehenden Geologen. Als die Betonringe der Kanalschächte abgeladen waren und sich die Menge der Gaffer nicht zerstreute, fragte er den Baggerfahrer, ob er sich den Rummel erklären könne. Dieser zuckte bloß mit den Achseln und murmelte etwas wie: »Haben noch nie eine Baustelle gesehen« und kletterte in sein Führerhaus.

Da schälte sich ein Mann aus der Menge und balancierte seine glänzenden Halbschuhe vorsichtig über die getrockneten Schlammwülste zwischen den Reifenspuren. Als Engelbert den Bürgermeister erkannte, ging er ihm entgegen und empfing ihn mit den Worten: »Welch hoher Besuch! Rudolf, was verschafft mir die Ehre? Und warum bringst du gleich das halbe Dorf mit?«

»Guten Morgen Engelbert. Sag, was geht hier vor?«, fragte der Bürgermeister leise und noch ganz außer Atem. Der Kaspar habe sich bei ihm in aller Herrgottsfrüh für eine Zufahrt bedankt, von der er nichts wüsste und nun diese Kanalschächte, von denen nicht einmal der Sektionschef eine Ahnung habe. Engelbert solle ihn aufklären, aber rasch und ohne Umschweife, denn die Gerüchte nähmen bereits abstruse Ausmaße an.

Der Bauleiter breitete seine Idee mit den Kabelschlaufen in den Schächten aus und dass ohne seine Einfälle die Messstrecke des Jonavic nie und nimmer in Betrieb gehen würde. Engelbert blickte den Bürgermeister in Erwartung eines Lobes an. Auf des Bürgermeisters Gesicht zeigte sich jedoch keine Freude, sondern nur eine gewisse Entspannung. »Und wer hat dir aufgetragen, eine Zufahrt zu Bahls Hof zu schieben?«

»Niemand«, antwortete Engelbert patzig. Er empfand dieses Verhör als ungerecht. »Ich hab' selber gesehen, dass man dem Kaspar helfen muss und da wir ohne die Schächte nicht weitermachen konnten, ließ ich den Baggerfahrer etwas Sinnvolleres tun als Daumen zu drehen. Und dazu steh' ich.«

»Ist in Ordnung, Engelbert«, sagte der Bürgermeister, »Du hast es ja gut gemeint. Solche Aktionen kämen halt besser an, wenn sie abgesprochen wären. Ich als Bürgermeister sollte zumindest wissen, was vorgeht. Sonst werde ich zum Gespött der Leute und kann den Gerüchten nicht entgegentreten. Und die darfst du nicht unterschätzen. Jetzt hieß es schon, was hat der Kaspar dem Bauleiter der Katastrophen- und Zivilschutzbehörde bezahlt, dass er eine Zufahrt bekommt und nicht die Metzger Alpe oder der Meinhofbauer?«

Engelbert schaute so betroffen drein, dass ihm der Bürgermeister ermunternd auf die Schulter klopfte. »Du bist ein guter Kerl, aber du kennst die Menschen hier nicht. Sie sind einander sogar das Zahnweh neidig. Bedenk das bei deinen Entscheidungen, oder noch besser, führe einfach deinen Auftrag aus ohne viel Selbstständigkeit zu entwickeln. Verstanden?«

Der Bauleiter nickte und sah dem Bürgermeister nach, wie er über die schmierige Reifenspur abwärts stakste und schließlich von den wartenden Menschen auf der Schotterstraße umringt wurde. Kurz darauf fuhren die Autos, Traktoren und Mopeds Richtung Scheiblegg davon.

»Was war?«, rief der Baggerfahrer herab.

»Wir haben einen Fehler gemacht. Wir hätten nicht nur eine Zufahrt planieren sollen, sondern alle. Und zwar gleichzeitig.«

»Aber das geht doch gar nicht!«

»Alle oder gar keine. Besser gar keine.«

»Und wem wäre dann geholfen?«

»Das verstehen wir nicht. Das ist Politik.«

*

Der Bürgermeister betrat das Gemeindeamt und nahm beschwingt zwei Treppen auf einmal. Das Stiegenhaus war erfüllt vom Duft ihres Parfüms. Mit jedem Schritt wurde der betörende Geruch intensiver. Wie von einem starken Magneten angezogen, eilte Rudolf den Gang entlang und öffnete die Tür zum Sekretariat. Er wünschte dem schmalen Rücken, dem langen Haar, das in gleichmäßigen Wellen über die Schultern floss, und dem figurbetonten Rock einen »wunderschönen guten Morgen«.

Die Sekretärin drehte sich erschrocken um und deutete mit den Augen zur Tür seines Arbeitszimmers, bevor sie seinen »Guten Morgen« erwiderte. Ohne wunderschön. Herr und Frau Greber vom Gasthof Enzian würden schon seit einer halben Stunde warten, sagte sie betont sachlich und wandte sich wieder dem Aktenschrank zu, wo sie Ordner in das unterste Regal stellte.

Rudolf hätte ihr bei dieser Tätigkeit gerne länger zugesehen, aber das Geräusch von rückenden Sesseln drang als unmissverständliche Aufforderung aus seinem Büro. Er atmete tief durch und klopfte dann an seine eigene, halb offen stehende Tür.

Sie fielen beide gleichzeitig über ihn her. Etwas Schreckliches sei geschehen, alles sei aus, es gäbe keine Hoffnung mehr, ausgerechnet jetzt, wo sie hätten neu anfangen wollen.

Der Bürgermeister verstand beim besten Willen nicht, worum es ging und bat Josef, noch einmal von vorne zu beginnen. Er wolle jedoch gleich vorausschicken, dass er wegen der Kapelle gestern erneut nachgefragt habe, in dieser Sache jedoch nichts zu machen sei.

Der Wirt sagte, um die Kapelle ginge es gar nicht. Annas genervter Gesichtsausdruck untermauerte die Worte ihres Mannes. Sie machte eine wegwerfende Handbewegung, als ob sie das leidige Thema beiseite schieben wollte.

Die Neugier des Bürgermeisters war geweckt. Nicht die Kapelle?

Josef zog ein doppelt gefaltetes Papier aus der Brusttasche seines Hemdes und klappte es umständlich auseinander. Von der Versicherung, sagte er und schob das zerknitterte Schreiben dem Bürgermeister hin. Während der Bürgermeister las, fing Anna zu schluchzen an.

»Reiß dich zusammen«, zischte der Wirt seiner Frau zu und erklärte dann dem Bürgermeister den Inhalt des Briefes. »Sie wollen nur einen Teil bezahlen«, sagte er.

»Das sehe ich, aber warum?«. Die Frage war rhetorisch gemeint, weil der Bürgermeister mit Lesen noch nicht fertig war.

Josef wurde ungeduldig und rutschte nervös auf dem Stuhl hin und her. Anna schnäuzte sich geräuschvoll. Der Bürgermeister las und las und legte seine Stirn in sorgenvolle Falten.

Das dauerte dem Wirt zu lange und er platzte mit der Antwort heraus: »Weil es kein Totalschaden ist! Weil das Gasthaus noch halbwegs gerade steht. Weil ein Dach drauf ist. Weil nicht alle Fenster kaputt sind. Weil, weil, weil. Die finden immer Gründe, um nicht zu zahlen!«

»Und warum kommt ihr damit zu mir?«, fragte der Bürgermeister.

»Weil die Gemeinde daran Schuld ist.«

»Die Gemeinde?«, fragte der Bürgermeister entgeistert.

»Du und diese Katastrophenbehörde!«

»Schutz. Katastrophenschutzbehörde«, verbesserte der Bürgermeister, aber Josef schien ihn nicht zu hören.

»Ihr habt wochenlang baggern lassen, damit der Berg das Haus nicht erdrückt. Ihr seid verantwortlich dafür, dass nur ein Teil der Rückwand vom Erdgeschoß weggerissen wurde. Durch eure Maßnahmen steht der Enzian jetzt zu wenig schief. Das reicht nicht für einen Totalschaden, sagt der Gutachter, das könne man renovieren.«

Was trotzdem ein Vermögen koste, warf Anna ein, die Angebote lägen schon vor. Sie hätten mit der Instandsetzung beginnen wollen, sobald das Geld der Versicherung da gewesen wäre. Aber Grundlage all ihrer Planungen sei die volle Versicherungssumme gewesen und nicht ein mickriger Teil davon.

Mit lauter Stimme verschaffte sich der Bürgermeister Gehör. »Jetzt lasst aber die Kirche im Dorf«, beschwor er die Wirtsleute. »Erstens war es unsere Pflicht, den Enzian zu schützen so gut wir konnten. Ich hätte euch hören wollen, wenn wir damals die Hände in den Schoß gelegt hätten nach dem Motto, das Gasthaus ist ohnehin gut versichert. Zweitens könnt ihr dankbar sein, dass der Enzian noch steht. Ein Neubau im Gfäll wäre nie bewilligt worden. Den Enzian hätte das gleiche Schicksal ereilt wie die Kapelle. Und drittens –«

»Wegen diesem Teufelsgeologen«, fiel ihm Anna ins Wort, »wahrscheinlich hat er auch jetzt seine Finger im Spiel.«

»Hör auf Anna!«, wies der Wirt seine Gattin zurecht. »Fang nicht wieder davon an.« Und entschuldigend sagte er zum Bürgermeister: »Der Geologe ist ein rotes Tuch für sie. Obwohl sie früher für ihn geschwärmt hat.«

»Da war ich wie verhext! Das ist der Beweis!«, kreischte Anna.

Der Bürgermeister wollte vom leidigen Thema ablenken, aber er hatte den Faden völlig verloren. Er sagte daher in abschließendem Ton: »Lass mir das Schreiben da, Josef. Die Sekretärin kann dir eine Kopie von dem Brief machen.« Dann stand er auf und streckte dem Wirt die Hand zum Abschied hin. »Ich werde der Sache nachgehen.«

Als die Sekretärin eintrat, stützte sich der Bürgermeister aufs Fensterbrett und sah auf den düsteren Himmel hinaus. Das Gelb der Forsythien an der Friedhofsmauer leuchtete, als wäre im Strauch ein Scheinwerfer verborgen. Rudolf wunderte sich über die Intensität der Farbe, denn kein Sonnenstrahl durchdrang die dichten Wolken. Aber vielleicht war es gerade die unheilschwangere Stimmung der nahenden Gewitterfront, die den Kontrast so verstärkte. Der Wetterdienst hatte vor sintflutartigen Regenfällen gewarnt.

Die Sekretärin raschelte mit dem Schreiben der Versicherung, bevor sie das Papier auf den Schreibtisch legte. Rudolf drehte sich um und winkte sie zu sich ans Fenster. »Sehen Sie sich diesen Strauch dort unten an, er strahlt wie eine Sonne. Der brennende Dornbusch!«

Die Sekretärin blickte erst auf den Friedhof und dann auf Rudolf. Eine Frage lag in ihren Augen.

»Schauen Sie mich doch nicht so komisch an«, lachte der Bürgermeister, »Die Anna hat nicht auf mich abgefärbt. Mir ist nur bewusst geworden, wie außerordentlich schön etwas erscheinen kann und –«, Rudolf senkte seinen Blick in ihre Augen, »einen trostlosen Tag zu etwas Besonderem macht.«

»Gelb, wie Forsythien eben blühen«, sagte sie gelangweilt und ging zum Schreibtisch zurück. »Kann ich die gestrige Post mitnehmen?«

»Nein, ich bin noch nicht dazugekommen, sie anzusehen«, antwortete der Bürgermeister verärgert.

Die Sekretärin drehte sich um und musterte ihn überrascht. Dann sagte sie mit leisem Vorwurf in der Stimme, dass der Bauantrag von Herrn Stadler in dem Stapel liege und dass dieser heute schon angerufen und urgiert habe.

»Gestern einreichen und heute bauen wollen!«, eiferte sich der Bürgermeister, »Das sind mir die Richtigen.«

Ungerührt wies die Sekretärin nochmals auf die Dringlichkeit des Antrags hin. »Herr Stadler wollte bereits letztes Jahr mit den Arbeiten beginnen, sagte er zu mir am Telefon.«

»Ja, das stimmt. Er wollte nicht nur, er hatte sogar schon damit begonnen. Ohne jeden Plan, ohne jede Bewilligung. Ich musste die Arbeiten von Amts wegen einstellen lassen. Schließlich gibt es ein Baugesetz. – Aber was reg' ich mich auf, Sie können die Geschichte nicht kennen, das war noch vor Ihrer Zeit.«

Er ging zum Aktenschrank, holte den Ordner mit der Aufschrift *Presse* hervor und blätterte hektisch darin, wobei er ständig den Daumen an der vorgeschobenen Unterlippe anfeuchtete. Endlich hatte er gefunden, was er suchte und nahm einen Zeitungsartikel heraus. »Da, sehen Sie«, sagte er und gab dem Papier eine Ohrfeige mit dem Handrücken, bevor er es auf den Tisch legte. »Vielleicht können Sie sich noch an diese Schlagzeile erinnern. Auf einer Samstagsausgabe der Ländle-News!«

Erwartungsvoll beobachtete der Bürgermeister die Sekretärin, die den Artikel überflog. Sie wollte etwas sagen, aber Rudolf kam ihr zuvor. Er riss das Papier an sich, verpasste ihm einen weiteren Schlag mit der flachen Hand und zitierte die Überschrift: »Erst die Naturgewalt – nun der Bürgermeister!« Dann las er den Untertitel *Gfäller Landwirt zum zweiten Mal vom Schicksal bedroht* vor. »Damit stellten sie mich auf die gleiche Stufe wie die Hangrutschung!«, empörte sich der Bürgermeister. »Ich – eine Katastrophe!«

Die Sekretärin bemühte sich um eine betroffene Miene.

»Ich werde Ihnen erzählen, wie es wirklich war. Nehmen

Sie Platz. Sie sollen wissen, mit wem Sie es zu tun haben, falls der Stadler wieder anruft.«

Dem Jodok Stadler gehörte die Feuerkogel-Alpe im Gfäll. Er hatte in das Gebäude stets bloß das Nötigste investiert, um es vor dem Verfall zu bewahren. Die zehn Hektar Weideland ringsum verbuschten allmählich, weil sich niemand darum kümmerte. Als dann die Rutschung sein Anwesen fortriss und es um Entschädigungszahlungen aus dem Katastrophenfond und der Versicherung ging, da war die Feuerkogelalpe plötzlich seine Existenzgrundlage gewesen, in die er jeden Cent investiert hatte. Mit dieser Masche war der Stadler nicht der Einzige im Gfäll und somit auch nicht sehr erfolgreich gewesen. Aber die Boulevardpresse griff die Geschichte gerne auf. Fotografierte Jodok in der Dachkammer im Hause seines Bruders in Scheiblegg – in der *dürftigen Notunterkunft*. Kaum war die Presse weg, konnte er in die Zimmer zurückkehren, in denen er immer schon gewohnt hatte.

Die beiden Brüder wollten mit dem Geld der Versicherung den Hof in Scheiblegg erweitern. Das dazugehörende Grundstück war groß genug, hatte jedoch einen gravierenden Nachteil. Es erstreckte sich über zwei unterschiedliche geologische Zonen. An deren Bruchlinie traten Setzungen auf, die in der Vergangenheit bereits einmal den Kanalstrang entzweigerissen hatten. Der Landesgeologe hegte deshalb schwere Bedenken gegen einen Anbau. Und plötzlich waren die Reporter von Ländle-News wieder in Scheiblegg, ließen die Enzianwirtin im Interview über den abgelehnten Kapellenbau klagen und boten dem Stadler eine Plattform, sich über die Behördenschikanen auszulassen. Der Bürgermeister musste sich per Leserbrief rechtfertigen und Klarstellungen einbringen. Währenddessen begannen die Stadlers, eine Fundamentplatte zu betonieren und vollendete Tatsachen zu schaffen. Dem Bürgermeister als oberster Baubehörde blieb nichts anderes übrig, als einzuschreiten und die Arbeiten unverzüglich einstellen zu lassen. War es ein Zufall, dass genau zu diesem Zeitpunkt die Ländle-News Jodok Stadler besuchten und den »langersehnten Neubeginn nach der Katastrophe« dokumentieren wollten? Aus dem geplanten Artikel in der Rubrik Heimat wurde jedenfalls eine fette Schlagzeile auf der Titelseite einer auflagenstarken Samstagausgabe.

Der dadurch entstandene Druck auf den Bürgermeister war groß. Stadler wusste das Thema am Köcheln zu halten, immer wieder wurde in den Ländle-News berichtet, dass dem armen Bauer die Existenzgrundlage verweigert würde. Den neuen Landesgeologen ließ das kalt, aber den Bürgermeister kostete es schlaflose Nächte. Ohne ein positives geologisches Gutachten konnte er keine Baubewilligung erteilen. In seiner Not trat er an den Geologen Dr. Gütl heran, der kurz vor der Pensionierung stand, und bat ihn um eine kulante Interpretation der Situation. Das Ergebnis war zwar ein positives Gutachten, jedoch mit immensen baulichen Auflagen. Jodok Stadler reagierte empört, weil die Baukostensumme dadurch enorm anstieg, und versuchte noch einmal die Medien zu mobilisieren. Aber das Interesse war erlahmt.

»Das liegt jetzt fast ein Jahr zurück«, sagte der Bürgermeister und heftete den Zeitungsartikel wieder in die Mappe. »Seitdem warte ich auf die adaptierten Planunterlagen.«

Die Sekretärin wusste nicht, was sie dazu sagen sollte und erhob sich langsam.

»Finden Sie nicht schrecklich, welche Macht so ein – entschuldigen Sie – Revolverblatt wie die Ländle-News ausüben können? Die hätten mich mit der Zeit fertig gemacht! Von den geologischen Hindernissen berichteten sie bloß am Rande und dann auch noch falsch. Ich, ich stand dem neuen Heimatglück des *armen* Stadler im Wege!«

»Und noch etwas«, fügte der Bürgermeister schnell hinzu, da sich die Sekretärin anschickte, das Zimmer zu verlassen. »Die Politiker lassen sich erst recht von den Zeitungen treiben. Der Landesrat Rother hat damals persönlich bei mir angerufen und um eine rasche Lösung im Sinne des Betroffenen gebeten. Vorschriften hin oder her, nur aus den Schlagzeilen raus, sagte er!«

»So war das, jawohl«, bestätigte der Bürgermeister und die Sekretärin schloss leise die Tür hinter sich.

Der Bürgermeister trat an den Schreibtisch heran. Seine Finger begannen planlos über die Akten zu irren, einen Stapel auf einen anderen zu schlichten und die Kanten der Schriftstücke parallel zur Tischkante auszurichten. Gedanklich kreiste er immer noch um die Schlagzeilen von damals, während er auf einmal ein Schreiben in Händen hielt, das sich nirgendwo einordnen ließ. Der Briefkopf einer prosperita-Versicherung war ihm nicht geläufig. Erst als er den Namen Gasthof Enzian las, wusste er wieder, um was es ging. Die verzweifelten Gesichter von Anna und Josef tauchten vor seinem inneren Auge auf und plötzlich sah er die Lösung ganz klar vor sich.

Fünf Minuten später machte er am Telefon den Leiter der prosperita-Niederlassung Vorarlberg darauf aufmerksam, dass ein Bekanntwerden der kleinlichen Schadensabgeltung negative Folgen für das Versicherungsgeschäft in der Region haben könnte. Denn schließlich waren damals die Medien live dabei, als es darum ging, den Gasthof Enzian vor der kompletten Zerstörung zu bewahren und die Vorarlberger Bevölkerung hatte großen Anteil daran genommen. Er könnte sich daher vorstellen, dass auf eine entsprechende Schlagzeile in den Ländle-News etliche Hausbesitzer einen Versicherungswechsel erwägen würden.

Rudolf Reiter brauchte nicht deutlicher zu werden. Es hieß, man werde den Fall genau prüfen und im Sinne der Kulanz sicherlich eine zufriedenstellende Lösung finden.

*

Die Gewitterfront wütete die ganze Nacht. Am Morgen waren die Obstbäume ihrer Blüten beraubt und an den Kanalgittern stauten sich schmutzigbraune, dicke Maden der einst blassrosa Blättchen. Ein eisiger Wind trieb immer neue Schauer übers Land. Aus den Kaminen stieg seit langem wieder Rauch auf und verlor sich in den tief hängenden Wolken. Es roch nach kalten, verpechten Öfen und Neuschnee. Ab und zu mischten sich nasse Flocken in den Regen.

»Keinen Hund würde man bei diesem Wetter aus dem Haus jagen«, dachte Ida und blickte traurig in den Garten hinab. Auf dem Grab ihres Rex hatte sich ein Tümpel gebildet. Die bunten Primeln waren allesamt darin ersoffen.

Erst drei Tage später, nachdem sich das Wetter etwas gebessert hatte, konnten die Bauarbeiten an der Messstrecke im Gfäll wieder aufgenommen werden. Es fehlten nur mehr zwei Schächte und der Baggerfahrer war guter Dinge. Er arbeitete sich mit einem Schreitbagger langsam in die Mitte des Schuttstroms vor. Das spinnenartige Fahrzeug hatte an den Hinterbeinen dicke Reifen montiert und zog sich mit den frei beweglichen Vorderbeinen vorwärts.

Der Baggerfahrer rauchte eine Zigarette, während er im Schneckentempo vorwärts kroch. An der Schaufel des Auslegerarms baumelte der Kanalschacht.

Plötzlich neigte sich das Fahrzeug zur Seite. Das linke vordere Bein des Baggers versank im Erdreich. Der Fahrer klemmte schnell die Zigarette in den Mundwinkel und griff mit beiden Händen zu den Schalthebeln, hängte den Kanalschacht ab und versuchte den Bagger mit der Schaufel vom Boden hoch zu drücken. Es gelang ihm nicht, die Schräglage wurde immer prekärer. Mit einer raschen Handbewegung warf er den Zigarettenstummel aus dem Fenster und hebelte hektisch an den Steuerknüppeln herum. Jetzt brach auch das linke Hinterrad durch die verkrustete Oberfläche des Schuttstroms ein und verschwand im Dreck. Der Bagger kippte vollends zur Seite und der dunkle Mergelschlamm stieg am Führerhaus hoch. Der Fahrer bemühte sich das Fenster zu schließen. Vergeblich. Der Druck auf die Plexiglasscheibe war so groß, dass sie sich aus den Fugen löste und die zähe Masse des grauen Erdreichs ins Innere quoll.

Die Panik des Fahrers stand im krassen Gegensatz zum Tempo des Schlamms, der langsam aber stetig den Bagger zu verschlucken drohte. Da das Fahrzeug auf der Seite der Türe lag, war der Fahrer in seiner Kabine gefangen. Er gab Vollgas, zerrte an den Hebeln, schrie um Hilfe, aber nichts von alldem trug zu seiner Rettung bei. Der Bagger kippte weiter ab und weil der Hang an dieser Stelle recht steil war, stand er schon beinahe Kopf. Einen Moment lang glaubte der Fahrer seine letzte Stunde habe geschlagen, denn bergseitig türmte sich ein Schlammwulst wie eine große graue Woge auf, die über ihn hereinzubrechen drohte und ihn samt Bagger begraben würde.

Mit ganzer Kraft stemmte er sich gegen das Plexiglas, durch das er den blauen Himmel schimmern sah. »Was ein Schlammbatzen fertig bringt, das kann ich auch!«, feuerte er sich selbst an und presste schließlich die Scheibe aus dem Rahmen. Befreit kletterte er auf das Führerhaus und winkte wie ein Ertrinkender inmitten des schwarzgrauen Schlammmeeres. Dann fiel ihm ein, dass ihn niemand sehen konnte, und er ließ die Arme sinken. Als er zum Mobiltelefon griff und den Bauleiter Engelbert anrief, spürte er, wie der Bagger unter ihm erneut nachgab.

Engelbert traf rechtzeitig im Gfäll ein und konnte seinen Fahrer über einen Steg aus Brettern retten. Vom Bagger war jedoch nicht mehr viel zu sehen. Der Bauunternehmer Hauser musste mit allem, was er an schwerem Gerät besaß, zu Hilfe kommen. Den ganzen Tag lang waren fünf Männer damit beschäftigt, den Bagger auszugraben und über Seilwinden aus dem Schuttstrom zu ziehen. Als das Fahrzeug endlich geborgen war, holte Engelbert aus dem Container des Jonavic eine Kiste Bier. Bis sich die Computer für die Messstrecke darin befanden, nutzte er den Platz als Getränkedepot.

Der Baggerfahrer und die zwei Arbeiter Bauunternehmers Hauser verabschiedeten sich bald, sie wollten Feierabend machen. Engelbert und Alois Hauser öffneten die nächsten Flaschen. Auf sie wartete niemand zuhause.

»Prost!«

»Zum Wohl!«

Die Männer saßen mit den Rücken an den Container gelehnt und blickten auf das zernarbte Gelände hinab.

»Was soll das einmal werden, wenn es fertig ist?« Alois

deutete mit dem Kinn zur Baustelle der Messstrecke hin.

Engelbert antwortet nicht sofort. Er dachte an den angehenden Geologen Jonavic und daran, mit welchem Eifer dieser seine Diplomarbeit stets präsentierte. Zu Beginn der Bauarbeiten hatte er selbst ein wenig Stolz verspürt, weil er an einem wissenschaftlichen Experiment beteiligt war. Aber mittlerweile? Engelbert seufzte. Trotzdem bemühte er sich, den Sinn und Zweck der Messstrecke zu erklären. Der Bauunternehmer sollte nicht denken, dass er keine Ahnung von Forschung habe.

Engelbert sprach also unter merklichem Alkoholeinfluss von Bodendurchfeuchtung, Geoelektrik, Widerstandsmessung und Wassersättigungsgehalt. Mag sein, dass er dabei das eine oder andere ein wenig durcheinanderbrachte. Aber die schwierigen Wörter hatten ihre Wirkung nicht verfehlt. Der Bauunternehmer schwieg. Tief beeindruckt, dachte sich Engelbert.

Dann aber fasste Alois die hochtrabenden Ausführungen des Bauleiters in einem Satz zusammen: »Je mehr Wasser im Boden, desto schneller die Rutschung. Ist es das, was man erforschen will?«

Engelbert nickte.

»Dafür brauch ich kein Studium«, sagte Alois. Er tippte sich an die Stirn. »Augen auf und denken! Das käme billiger als der ganze Zirkus hier.«

Mit diesem Satz hatte Alois Hauser eigentlich dem Engelbert aus der Seele gesprochen. Bloß konnte Engelbert als Bauleiter der Messstrecke dies nicht zugeben, sonst würde er seine eigene Arbeit in Frage stellen. Er holte zwei weitere Flaschen aus der Kiste und bot eine davon dem Alois an.

»Prost!«

»Zum Wohl!«

Die Männer tranken stumm.

Schließlich brach der Bauunternehmer Hauser das Schweigen. »Wäre es nicht besser, man würde endlich diese Gräben und Spalten hier schließen? Ich bin zwar kein Geologe, aber meiner Meinung nach kann es nicht gut sein, wenn das Regenwasser direkt im Hang versickert.« Zur Untermauerung deutete er auf einen der künstlichen, V-förmigen Entwässerungsgräben. »Schau, der ist staubtrocken, während daneben in den Spalten das Wasser steht.«

Engelbert hatte bereits dieselben Gedanken gehabt, aber sein Auftrag lautete, erst die Messstrecke, dann der Spaltenschluss.

»Warum nicht umgekehrt?«, bohrte Alois weiter, weil er merkte, dass Engelbert dabei war, die Seiten zu wechseln. Der Bauunternehmer sah seine Chance auf einen Riesenauftrag gekommen.

Weil die EU das Forschungsprojekt fördere und dabei fließe eine Menge Geld, erklärte Engelbert. Davon könne selbst die Katastrophen- und Zivilschutzbehörde noch mitnaschen. Zudem ließe sich der Dienst an der Wissenschaft besser im Jahresbericht vermarkten, als das Planieren von Alpböden.

»Jetzt verstehe ich«, sagte Alois. »Die Bauern hier müssen warten, weil sie arme Schlucker sind.«

Engelbert fühlte sich schlecht. Er fragte sich, ob das am Bier liegen könne. Um der Sache nachzugehen, öffnete er eine weitere Flasche, nahm einen kräftigen Schluck und beobachtete seinen Körper. Der unangenehme Druck auf das Zwerchfell blieb unverändert.

Alois hingegen wurde immer nüchterner. Er nippte an derselben Flasche herum und wartete auf den richtigen Moment, um seinen Plan auszuführen.

Da Engelbert nichts mehr sagte, kam der Alois nochmals auf die EU zu sprechen und meinte, dass die hohen Herren in Brüssel einfach zu weit weg seien. Selbst die Chefs der Katastrophen- und Zivilschutzbehörde würden zu abgehoben agieren. Keine Volksnähe mehr. Nicht einmal der Bürgermeister hätte ein Ohr für seine eigenen Bauern.

Alois ließ seine Worte ein wenig auf Engelbert wirken. Dann schlug er sich mit der Hand an die Stirn, als hätte ihn ein Geistesblitz erleuchtet. Er sprang auf und rief voller Enthusiasmus: »Dann müssen eben wir etwas tun. Engelbert! Wer sonst außer dir könnte diesen Bauern ihre Heimat wieder zurückgeben?

Du hast dem Kaspar eine Zufahrt gemacht. Warum also nicht seine Felder planieren?«

»Ich kann doch nicht einfach ohne Auftrag –«, versuchte Engelbert einzuwenden und sah den Bürgermeister vor sich, der ihn vor zuviel Selbstständigkeit warnte. »Außerdem, keiner oder alle!« Engelbert konnte keinen ganzen Satz mehr bilden, aber Alois verstand ihn trotzdem.

»Alle natürlich!«, rief der Bauunternehmer begeistert aus. »Ich kann dir sieben Planierraupen, fünf Bagger und zwei Muldenkipper zur Verfügung stellen. Samt Fahrer. Morgen fangen wir an. Wirst sehen, in ein paar Wochen sieht es im Gfäll aus wie früher und die Bauern können endlich ihre Felder bestellen. Du wirst ein Held für sie sein!«

Engelbert starrte in die untergehende Sonne und spürte das warme Rot auf ihm glühen. Der Druck wich langsam von seinem Zwerchfell und er konnte wieder frei durchatmen. Die Vorstellung, durch seine Arbeit jemandem wirklich helfen zu können, beseelte ihn. In seinen Gedanken blickte er in glückliche und dankbare Gesichter, die sich vor das Bild des Jonavic und seines Chefs, des Hofrat Machinski, schoben.

»Abgemacht«, sagte er zu Hauser. »Morgen bringst du alle einsatzfähigen Maschinen ins Gfäll.«

*

Der Kalbtaler saß gerade beim Frühstück, als ein dumpfes Grollen durch den Boden lief. Erschrocken legte er beide Handflächen auf den Tisch. Tatsächlich, er konnte eine leichte Vibration spüren. »Ein Erdbeben!«, schoss es ihm durch den Kopf und er sprang auf die Füße. Der Stuhl kippte um und schlug mit lautem Krachen auf. Dem Kalbtaler fuhr der Schreck dermaßen in die Glieder, dass er nicht merkte, selbst der Auslöser für den Lärm gewesen zu sein.

In Panik rannte er in die Stube, getrieben von dem Gedanken, etwas aus dem Haus retten zu müssen, bevor es einstürzen würde. Aber was? Dokumente? Briefe? Erinnerungsfotos?

Die Angst machte ihn blind. Das Grollen und Zittern kam näher, wurde lauter. In der Glasvitrine klirrten die Schnapsgläser. Weil er in der Hektik nichts Wichtiges finden konnte, schnappte er den Säbel, der an der Wand hing. Mit dieser Waffe hatte er einst seine Mensur gefochten. Daran dachte der Kalbtaler im Moment zwar nicht, weil in seinem Hirn Chaos herrschte, aber vielleicht glich die jetzige Angst dem Gefühl von damals und ließ ihn unbewusst zu diesem Erinnerungsstück greifen. Mit dem Säbel in der Hand stürmte er aus dem Haus. Angetan mit Pyjama und gestreiften Filzpantoffeln. So stand er auf seinem Fleckchen Asphalt zwischen den Gartenzwergen und spürte den Untergang nahen. Das Zittern im Boden wurde immer stärker und ein dumpfes Grollen wälzte sich von Scheiblegg her auf ihn zu. Er war auf das Schlimmste gefasst.

Dann sah er die erste Planierraupe ums Eck biegen. Er traute seinen Augen nicht. Regungslos und mit gezücktem Säbel starrte er auf den Konvoi, der unter seinem Haus vorbeifuhr. Erst als einer der Fahrer hupte und »Guten Morgen, Don Quichote« rief, wurde sich der Kalbtaler der Situation bewusst. So schnell wie er aus seinem Haus gestürmt war, so schnell verschwand er wieder darin. Die Tür knallte er dermaßen hinter sich zu, dass die Schnapsgläser in der Vitrine hüpften.

*

Engelbert und der Bauunternehmer Alois Hauser waren dem Konvoi vorausgefahren und berieten sich am Parkplatz vor der Ruine des Gasthofs Enzian. Engelbert hatte neben pochenden Schmerzen auch einen Plan im Kopf, den er dem Hauser erklärte. Auf einem alten Grundstücksplan zeichnete er die Einsatzgebiete ein und teilte die Fahrzeuge zu. Bagger und Lastwagen zum Güterwegsbau zur Meinhofalpe; Planierraupen für den Spaltenschluss auf dem Gelände Bahl, Stadler und Metzger, Muldenkipper und Schreitbagger zum Abräumen eingestürzter Häuser.

Die Fahrer der Planierraupen hatten freie Hand. Sie sollten

nicht zimperlich sein und das Gelände so formen, dass man es gut mit landwirtschaftlichen Maschinen bearbeiten könne. Also keine Absätze oder markanten Böschungen stehen lassen, sondern sanfte Hügel und gleichmäßige Hänge gestalten. »Ihr seid die Landschaftsarchitekten des neuen Gfälls!«, ermunterte Hauser seine Leute. Falls die Bauern kämen und Wünsche zur Gestaltung hätten, dann seien diese nach Möglichkeit zu berücksichtigen. »An die Arbeit, Jungs!«

Engelbert blickte stolz in die Staub- und Dieselwolken, die die Fahrzeuge auf dem Weg zu ihrem Einsatzgebiet aufwirbelten. Ins Gfäll kehrte endlich Leben zurück. Bald lärmte es an allen Ecken und Enden, der Boden erzitterte unter dem Ansturm der Maschinen. Die Narben und Falten der Katastrophe wurden ausgebügelt, das Gfäll bekam ein neues Gesicht. Ein freundliches Antlitz.

Die Nachricht von den Bauarbeiten verbreitete sich wie ein Lauffeuer und schon bald tauchten die ersten Bauern auf. Sie brachten Schaufeln, Rechen und sonstiges Gerät mit. Angesteckt von der Aufbruchsstimmung wollten sie mitwirken, mitgestalten an der neuen Heimat.

Hauser nahm sie am Parkplatz in Empfang – und weil Engelbert im Gelände unterwegs war, nahm er auch gleich ihren Dank entgegen. Dank, dass endlich etwas geschehe.

*

Jodok Stadler hatte zwar erfahren, dass die Planierraupen auf dem Weg zu seiner Alpe seien, aber das interessierte ihn derzeit nicht. Er saß beim Bürgermeister und erläuterte die eingereichten Pläne. Rudolf Reiter hatte ihn zu sich bestellt, weil er mit den Unterlagen nicht zurecht komme.

»Wo sind beispielsweise die Sonderbaumaßnahmen zur Stabilisierung des Fundaments?«, fragte der Bürgermeister. Er fände keinen Hinweis auf die vom Geologen Dr. Gütl vorgeschriebene Winkelstützmauer.

Stadler entgegnete, dass der Bauunternehmer Hauser ihm gesagt habe, ein paar Piloten täten denselben Dienst und wären wesentlich billiger.

»Was der Hauser sagt, interessiert mich nicht«, wurde der Bürgermeister unwirsch. »Die Auflagen müssen erfüllt werden, sonst gibt's wieder einen Baustopp!«

Die Auflagen würden ja erfüllt werden, räumte Jodok Stadler ein, aber eben anders. So wie sich das der Geologe vorstelle, so könne man gar nicht bauen.

»Behauptet das der Hauser?«

»Der wird es wohl am besten beurteilen können«, wich Jodok der Frage aus.

»Dann frag einen anderen. Es gibt noch mehr Bauunternehmer in Vorarlberg.«

Aber der Hauser sei doch praktisch sein Nachbar, da käme kein anderer in Frage. Und außerdem habe der Loisl einen guten Ruf.

»Vielleicht als Kanalbauer«, ätzte der Bürgermeister schlechtgelaunt. »Ein Haus hat er jedenfalls noch nie gebaut.«

Jodok verteidigte das Bauunternehmen Hauser mit Vehemenz. Es tue ihm sogar leid, dass er den Loisl nur mit der Errichtung des Fundaments betrauen könne. Als er merkte, dass er den Bürgermeister nicht überzeugen konnte, wurde er vorsichtig. In unterwürfigem Ton fuhr er fort, dass er das Konzept des Hauser vielleicht nicht richtig erklärt habe, schließlich sei er bloß Laie und Alois der Baumeister.

»Dann muss eben der Hauser her.« Die Worte des Bürgermeisters klangen wie ein Befehl.

»Den erreichst du jetzt nicht«, sagte Jodok, »der ist mit seinem gesamten Fuhrpark im Gfäll unterwegs.«

»Im Gfäll? Was um Himmels Willen macht er da?«, entfuhr es dem überraschten Bürgermeister.

»Planieren, die Spalten schließen, Hügel einebnen. Das ganze Gfäll formen sie neu.«

*

Während der rasanten Fahrt ins Gfäll versuchte der Bürgermeister den Hofrat Machinski von der Katastrophen- und Zivilschutzbehörde in der Kartei seines Mobiltelefons zu finden. Aber die Schrift verschwamm vor seinen Augen, die marode Fahrbahn schüttelte die Buchstaben durcheinander. Konzentriert blickte er auf das Display und hätte dadurch fast den Kalbtaler überfahren, der auf der Schotterpiste stand und ihn stoppen wollte.

»Mann, sind sie lebensmüde?«, schrie der Bürgermeister wütend aus dem Fenster. Wohl wissend, dass er im Unrecht war.

Der Kalbtaler wirkte bleich. Das konnte sowohl am soeben erlittenen Schrecken als auch am Staub liegen. Überraschenderweise äußerte er sich weder zur Fahrweise des Bürgermeisters noch zur Beschuldigung. Stattdessen umfasste er mit einer ausholenden Handbewegung das gesamte Gfäll. Von ringsum dröhnte der Lärm der Maschinen und hohe Säulen aus Staub hingen wie Bojen über den Baustellen. Der Kalbtaler fragte vorwurfsvoll: »Sind Sie für das hier verantwortlich?«

»Das weiß ich noch nicht«, gab der Bürgermeister kryptisch zur Antwort und ließ den verdutzten Kalbtaler einfach stehen, bevor ihm dieser wieder mit der Feinstaubmessung kommen konnte.

An der Stirn des frisch angelegten Güterwegs fand der Bürgermeister endlich den Bauleiter Engelbert, der die Trassenführung mit dem Baggerfahrer besprach.

»Engelbert«, unterbrach der Bürgermeister die beiden, »Ich muss mit dir reden.«

Der Bauleiter nickte, erteile ein paar Anweisungen und ging mit dem Bürgermeister über das schmierige Erdreich einige Meter zurück, bis sie gegen den Baggerlärm nicht mehr anschreien mussten.

»Was gibt's Rudolf?«, fragte Engelbert, obwohl er genau wusste, weshalb der Bürgermeister seine teuren Lederschuhe hier im Dreck ruinierte.

»Weiß der Machinski davon?«

»Ich hab' ihn am Telefon noch nicht erreicht«, wich Engelbert aus.
»Ich auch nicht.«
Die beiden Männer sahen sich lange an.
»Er wird es schon noch erfahren.« Engelbert versuchte, selbstsicher zu klingen.
»Dann ist es zu spät.«
»Zu spät wofür?«
»Für das Naturschutzgebiet.«
»Naturschutzgebiet?«, fragte Engelbert verwundert. Er hatte keine Ahnung, wovon der Bürgermeister sprach.
Rudolf erklärte ihm, welche Pläne die Katastrophen- und Zivilschutzbehörde mit dem Gfäll vorgehabt hätte, vom Truppenübungsplatz bis zum geologischen Freilichtmuseum. »Ich hab' dich doch davor gewarnt, nicht so selbständig zu agieren!«
Engelbert legte seine Stirn in Sorgenfalten. Dann aber hellte sich seine Miene auf und er sagte, dass er angesichts dieser Zukunft geradezu froh sei, die Entscheidung zugunsten der Bauern getroffen zu haben. Und dass er diese abstrusen Ideen nun quasi dem Erdboden gleichgemacht hätte.
»Hofrat Machinski wird deinen Humor nicht teilen«, warnte der Bürgermeister.
»Könntest du nicht ein Wort für mich einlegen?«, bat Engelbert und wies darauf hin, dass sie schließlich beide im selben Boot säßen. Ein Naturschutzgebiet im Gfäll hätte doch sicher das Ende seiner Bürgermeisterkarriere bedeutet.
Rudolf kratzte sich am Kinn und überlegte. Engelbert hatte ihm tatsächlich einen großen Gefallen getan, wenn auch unbewusst. Er selbst hätte nie gewagt, so eine eigenmächtige Entscheidung zu treffen. Sollte er jetzt dafür die Verantwortung übernehmen und den Kopf hinhalten? Engelbert hatte im Gegensatz zu ihm nichts von den Plänen Machinskis gewusst. Ihm, als Bürgermeister, würde man jedoch absichtliches Zuwiderhandeln vorwerfen. Nein, er konnte und wollte dem Bauleiter nicht helfen.

»Ich werde es versuchen, Engelbert«, log er, »Aber versprechen kann ich dir nichts.«

»Danke, Rudolf!«, rief Engelbert erleichtert. »Wusste ich doch, dass du zu deinen Bauern stehst und nicht so bist, wie der Alois Hauser behauptet.«

»Wieso, was sagt der Hauser?«, fragte der Bürgermeister alarmiert.

»Dass du dich im letzten Jahr mehr um die Rocklänge deiner Sekretärin gekümmert hast, als um die Anliegen der Bewohner.« Dem Engelbert war das Gespräch sichtlich peinlich.

»So, so. Der Loisl mischt also in der Gerüchteküche tüchtig mit. Sag mal Engelbert, welche Rolle hat der Hauser eigentlich bei deiner Entscheidung zum Planieren gespielt?«

»Keine. Wieso?«

»Na, ich dachte bloß. Schließlich bedeutet der Spaltenschluss im Gfäll für ihn einen riesigen Auftrag. Und du vergibst den einfach so, freihändig, aus dem Bauch heraus. Ohne Angebote einzuholen.«

Engelbert rechtfertigte sich. Es seien immer schon lokale Unternehmen zum Zug gekommen. Meistens bliebe gar keine Zeit für eine Ausschreibung. Zudem habe ihm der Hauser gestern klar gemacht, dass der Spaltenschluss für die Bauern wichtiger sei als die Messstrecke.

»Also doch der Hauser«, sagte der Bürgermeister und verabschiedete sich eilig.

In einem nie gekannten Anfall von frechem Selbstbewusstsein blieb der Bürgermeister vor dem Haus des Kalbtaler stehen. Er schrie dem Mann, der seine Gartenzwerge mit einem feuchten Lappen abstaubte, vom Autofenster aus zu: »Um auf Ihre Frage von vorhin zurückzukommen: Ich trage die Verantwortung hier!« Dann gab er kräftig Gas, Staub wirbelte auf und der Bürgermeister preschte Richtung Scheiblegg davon.

*

Die Sekretärin wurde von der baldigen Rückkehr des Bürgermeisters überrascht. Als plötzlich die Tür aufflog, fuhr sie mit dem Pinselchen über das Nagelbett hinaus. Der Bürgermeister bemerkte jedoch nicht, dass sie das rote Fläschchen flugs verschwinden ließ und die verpatzten Finger unterm Tisch verbarg. Entgegen seiner sonstigen Art sah er sie nicht einmal direkt an, sondern sagte nur im Vorübergehen, dass sie ihn mit dem Landesrat Rother verbinden solle. Dann eilte er weiter in sein Büro.

Die Sekretärin versuchte mit einem Papiertaschentuch den Farbklecks von ihrem Finger zu wischen und ärgerte sich, weil das dünne Gewebe darauf kleben blieb.

»Den Landesrat brauche ich! Wird's bald?« Der Bürgermeister war ins Vorzimmer zurückgekehrt und sah mit Genugtuung, wie die Sekretärin vor Schreck zusammenzuckte. Sie griff sofort zum Telefon und das Papierfetzchen hüpfte mit jedem Tastendruck mit.

»Ist das Blut? Sie haben sich doch hoffentlich nicht weh getan?«, feixte der Bürgermeister und ging in sein Büro, um den Anruf entgegenzunehmen.

Das Gespräch zog sich in die Länge. Der Bürgermeister hatte sich in Gedanken bereits alles zurechtgelegt. Er erinnerte den Landesrat an seine Pressekonferenz, damals, vor zwei Jahren im Gfäll; als den Bauern der Wiederaufbau versprochen worden war. Er berichtete vom Gefühl der Heimatlosigkeit der Bauern, vom Vertriebensein und nahm den Kaspar Bahl als Beispiel. Nebenbei erwähnte er den hohen Wähleranteil unter den Bauern an der Partei, der sie beide angehörten. Und zu guter Letzt, als der Landesrat schon ganz nervös wurde, weil er fürchtete, eigenhändig das Gfäll wiederaufbauen zu müssen, sagte der Bürgermeister, der Spaltenschluss habe soeben begonnen. Erleichtert atmete der Landesrat auf: »Aber dann ist ja alles in bester Ordnung!«.

»Nicht ganz«, widersprach der Bürgermeister. »Es gibt da ein kleines Problem.«

Typisch, dachte sich der Landesrat, nur wegen guter Nachrichten rief nie jemand an. Immer lag irgendwo ein Hund begraben.

»Die Bundesbehörde hatte andere Pläne«, begann der Bürgermeister vorsichtig. »Sie wissen ja sicher aus eigener Erfahrung, in Wien nimmt man die Länderinteressen oft nicht sehr ernst.«

»Ja«, seufzte der Landesrat. »Das ist ein ständiger Kampf. Aber jetzt reden Sie nicht um den heißen Brei herum. Was für andere Pläne?«

Der Bürgermeister erklärte die Ideen der Katastrophen- und Zivilschutzbehörde und zitierte aus seinem Telefonat mit dem Hofrat Machinski. »Ich hab das Gfäll verteidigt! Und weil ich wusste, dass Sie, Herr Landesrat Rother, genauso wie ich hinter unseren Landsleuten und Bauern stehen, hab' ich den Spaltenschluss einfach angeordnet. Eigenmächtig. Ich wollte diese zynische Debatte um ein Katastrophenmuseum ein für alle Mal aus der Welt schaffen. Das hätten Sie an meiner Stelle sicher auch getan.« Mit Herzklopfen wartete der Bürgermeister auf die Antwort.

Rother schwieg.

Schließlich räusperte sich der Landesrat und meinte, nun solle wohl er dem Machinski die vollendete Tatsache beibringen.

»Ich dachte, dies wäre vielleicht taktisch klug. Sie sind schließlich Landesrat und ich bloß ein kleiner Bürgermeister. Sie wissen ja, wie sehr man im Bundesdienst auf die Hierarchie Wert legt.«

Der Landesrat seufzte abermals, fragte nach der Telefonnummer des Hofrats Machinski und mahnte den Bürgermeister, ihn das nächste Mal früher zu informieren.

Zufrieden legte der Bürgermeister den Hörer auf. Der Hauser würde sich nun nicht mehr mit Engelberts Federn schmücken können. Der Hauser nicht.

*

Sieben Wochen lang wurde im Gfäll gegraben und planiert. Ende Mai zogen die Baumaschinen ab und ließen eine künstlich geschaffene Landschaft zurück. Ein breiter Güterweg schlängelte sich an der Ferienhaussiedlung vorbei bis hinauf zur Feuerkogelalpe. Zahlreiche Seitenarme erschlossen abgelegene Felder, neben den Hausruinen warteten ebene Flächen auf neue Fundamente.

Die verdorrten Bäume hatte man ausgerissen; die kahlen Hänge glichen frisch epilierter Haut. Makellos glatt, aber dennoch verletzt.

Das Gemeindeblatt titelte: *Gras wächst über die Katastrophe!*

Angesichts des nackten Gfälls schien die Euphorie zwar etwas verfrüht, aber Neubeginn und Wiederaufbau waren zum Greifen nah. Der Abschluss der Bauarbeiten markierte den langersehnten Wendepunkt, den die Menschen nun ausgiebig feierten. Der Bürgermeister betrank sich im Gasthof Ochsen, der Hauser Alois nebenan im Lindenbaum.

Engelbert schaute bei beiden kurz vorbei. Danach fuhr er ins Gfäll, wo der angehende Geologe Jonavic in seinem Container vor den Messgeräten hockte. Seit Stunden bastelte der Burgenländer an den Computern herum, aber seine Anstrengungen waren nicht von Erfolg gekrönt. Die Signale der Erdkabel blieben lückenhaft.

»Kann es sein, dass ein Kabel abgerissen oder beschädigt wurde?«, fragte er den Bauleiter.

»Nein«, antwortete Engelbert derart bestimmt, dass Jonavic seine Instrumente und Computer wieder zusammenpackte und sie zur Überprüfung an die Universität mitnahm. Während der Bauleiter den leeren Container verschloss, wollte er von Jonavic wissen, ob man die wöchentliche Vermessung entlang der Forschungsstrecke derweil nicht aussetzen solle. Schließlich würden die Arbeiten eine Menge Geld kosten und nicht viel bringen, wenn sie nicht mit den Daten der Bodenbeschaffenheit gekoppelt werden konnten.

»Ist doch nicht dein Geld«, antwortete Jonavic verwundert. »Das finanziert die EU«.

Engelbert hätte gerne so eigenmächtig gehandelt wie früher, aber die Vorladung beim Hofrat Machinski war ihm deutlich in Erinnerung geblieben. Mit Disziplinarverfahren hatte man ihm gedroht, sollte er es wagen, noch einmal etwas ohne vorherige Absprache zu entscheiden. Und Held war er auch keiner geworden, dachte Engelbert bitter. Der Bauunternehmer und der Bürgermeister stritten um die Lorbeeren und ließen sich gerade in diesem Moment von den Bauern feiern.

*

Eine Schönwetterperiode brach an. Die kräftige Junisonne brannte auf die planierten Felder nieder und der lehmartige Boden wurde hart wie Beton gebacken. An eine Aussaat war nicht zu denken.

Da seien ja die Spalten noch besser gewesen, sagten böse Zungen, dort habe sich wenigstens die Feuchtigkeit halten können. Die chronisch Unzufriedenen forderten Unterstützung von der Gemeinde und jammerten, der Bürgermeister ließe sie im Stich. Dieser wehrte sich gegen den Vorwurf mit dem Argument, dass er nicht imstande sei, Humus für 140 Hektar Fläche zu beschaffen.

Der Hauser Alois hatte eine Idee. Für sein Bauunternehmen stellte Humus mitunter sogar ein Entsorgungsproblem dar. Bei Aushubarbeiten wusste er oft nicht wohin damit und hatte ein Zwischenlager auf einer großen Waldlichtung geschüttet. Da es sich um sein eigenes Grundstück handelte, hielt er das Depot für seine Privatsache. Nicht so der Geologe von der Landesverwaltung, der von einer illegalen Deponie sprach und ihm ein Verfahren androhte, wenn die aufgetürmten Hügel nicht binnen weniger Wochen verschwinden würden. Wie der Geologe auf das Lager aufmerksam geworden war, blieb rätselhaft. Hauser schloss eine anonyme Anzeige nicht aus und verdächtigte insgeheim den Bürgermeister.

Dennoch rief Hauser den Bürgermeister an und bot ihm freundschaftliche Unterstützung an. Er wisse von günstigen Humusbeständen, die der Engelbert von der Katastrophen-

und Zivilschutzbehörde ins Gfäll bringen könne. Sein eigenes Unternehmen könnte dies natürlich auch, aber dann würde man ihm wieder Geschäftemacherei vorwerfen. Und das habe er nicht nötig.

Hausers Kalkül ging auf. Er wurde mit sogar mit dem Transport beauftragt.

Nachdem sein Zwischenlager geleert war, musste er zweitausend Kubikmeter Torf aus dem Rheintal ins Gfäll bringen. Der Torf war beim Bau eines Autobahnzubringers und einer Unterführung im Achraingebiet angefallen. Und weil die Kläranlage Bregenz gerade Absatzschwierigkeiten mit kontaminiertem Klärschlamm meldete, wurde auch dieses Material ins Gfäll gebracht. Alles, was die unerträgliche Nacktheit des Bodens bedecken konnte, war willkommen.

Fast zweihundert Lastwagenladungen wurden den Bauern auf die Felder gekippt. Das Verteilen sollten sie selbst übernehmen.

*

Kaspar Bahl machte sich sofort an die Arbeit, brachte mit dem Traktor auf seinem Gelände eine dünne Humusschicht aus und verstreute das Saatgut. Mit dem Güllefass holte er Wasser von der Meinhofquelle und besprühte stundenlang die Felder. Als sich eine Woche später das erste zarte Grün zeigte und die Sonne noch immer vom ungetrübt blauen Himmel brannte, musste er erneut mit dem Güllewagen ausrücken.

Jodok Stadler, der Eigentümer der Feuerkogelalpe hoch droben im Gfäll, besaß neben den Alpweiden, die nur im Sommer genutzt werden konnten, noch tiefer gelegene Grundstücke, die er meist verpachtet hatte. Eines dieser Grundstücke grenzte an Kaspar Bahls Anwesen.

Eines Tages tauchte Jodok Stadler beim Kaspar Bahl auf und staunte über das knöchelhohe Gras. Und das bei dieser Dürre, musste Jodok anerkennen.

»Hat auch viel Arbeit gegeben«, sagte Kaspar, weil er wusste, dass sich sein Nachbar in der Landwirtschaft noch nie Schwielen an den Händen geholt hatte.

»Ja, das glaub ich. Jedenfalls vielen Dank.«

»Dank wofür?«, fragte Kaspar verwundert.

»Dass du nicht an der Grenze aufgehört hast, sondern mein Grundstück mitbegrünt hast.«

»Dein Grundstück? Du machst wohl Witze!«, eiferte sich Kaspar und zeigte auf die scharfe Linie zwischen Ödland und Wiese. »Dort bei diesem Geländeknick war immer schon die Grenze und dahinter kamen deine Weiden mit den Kamelbuckeln und dem Hügel mit der Kapelle.«

»Ich sehe aber keine Kamelbuckel. Und wo soll der Kapellenhügel sein? Doch nicht in diesem Graben! Dein Geländeknick, auf den du dich berufst, den haben die Planierraupen gemacht. Und zwar auf deine Anweisung hin!«

Kaspar blieb vor Empörung die Luft weg. Er fragte mit vor Wut zitternder Stimme, wo denn Jodoks Meinung nach die Grenze verlaufen müsste.

Stadler überlegte nicht lange und halbierte mit der ausgestreckten Hand das Grün. »Ungefähr hier, würde ich sagen.«

»Das könnte dir so passen, du fauler Hund du! Von meinem Feld mitnaschen, ohne einen Finger gerührt zu haben.«

»Na, na. Wer wird denn gleich so bös werden? Ich nehm' dir dein Grünzeug nicht weg, gegen eine kleine Pacht überlasse ich dir die Fläche.«

»Ich zahle doch nicht für mein eigenes Land!«, schrie Kaspar nun völlig außer sich. »Verschwind du Lump, bevor ich mich nicht mehr beherrschen kann!« Er spielte kurz mit dem Gedanken das Güllerohr auf den Stadler zu richten, aber dann fiel ihm ein, dass er bloß Wasser gefüllt hatte.

Jodok Stadler zeigte keine Angst und ging aufreizend langsam zur Landstraße hinab.

»Warte!«, rief Kaspar ihm nach, »Ich kann dir beweisen, wo die Grenze ist.«

Jodok kehrte um. Neugierde sprach aus seinem Gesicht. Kaspar ging voraus zur Hausecke seines ramponierten Hofs.

Der Wohntrakt endete mit einer offenen Ziegelmauer, der angebaute Stall war zerstört worden. Mit großen Schritten entfernte sich Kaspar vom Gebäude.

»Fünfzehn«, sagte er und blieb stehen, »hier endete der Stall.« Kaspar behielt die Richtung bei und zählte mit lauter Stimme weitere hundert Schritte ab. Er kam kurz vor dem Geländeknick zum Stehen.

»Ungefähr hundert Meter hinter dem Stall lag die Grenze. Das kann ich dir mit Plänen beweisen. Was sagst du nun?« Kaspar triumphierte.

Jodok Stadler war nicht beeindruckt.

»Das beweist gar nichts«, sagte Jodok. »Dein Hof steht ja nicht mehr an seinem alten Platz. Der Geologe sprach von dreißig Metern Verschiebung. Vielleicht waren es auch fünfzig. Und dann liegt die alte Grenze dort, wo ich gesagt habe.«

»Das ist doch Blödsinn. Hundert Meter hinterm Stall bleiben hundert Meter hinterm Stall, so wie auf meinem Plan, egal, wo das Haus jetzt steht.«

»Da täuschst du dich aber gewaltig, lieber Kaspar«, klärte Jodok seinen Nachbarn auf. »Grenzen können nicht verrutschen. Die bleiben, wo sie waren. So steht es im Gesetz. Ich hab mich bei den Vermessern erkundigt.«

Diese Behauptung klang zwar einleuchtend, aber Kaspar konnte sie nicht akzeptieren. Denn das hätte auch bedeutet, dass sein Hof jetzt womöglich auf dem Grund seines unteren Nachbarn stünde, gleichsam aus seinem Eigentum hinausgerutscht war. Das konnte nicht sein! Oder doch?

*

Der Vorfall sprach sich schnell herum und die Begrünungsarbeiten im Gfäll kamen zum Erliegen. Bevor jemand fremden Boden bearbeitete, tat er lieber gar nichts. Missgunst und Neid waren im wahrsten Sinne des Wortes grenzenlos.

Der Bürgermeister beauftragte ein Vermessungsbüro, um im Gfäll Klarheit zu schaffen. Aber der kleine Betrieb mit seinen eingeschränkten technischen Möglichkeiten sah sich außerstande, im Gfäll die alten Grenzen wieder herzustellen. Es fehlte schlichtweg an stabilen Bezugspunkten, von denen eine Vermessung ausgehen konnte.

Also bat der Bürgermeister um Amtshilfe bei der Landesverwaltung. Vermessungs- und Rechtsexperten würden benötigt, erklärte er dem Landesrat Rother. Eine Woche später waren sie da.

Zwanzig Bauern warteten auf dem Parkplatz beim Gasthof Enzian. Auch der Bauunternehmer Alois Hauser und der Bürgermeister trafen um die vereinbarte Uhrzeit ein. Mit zehnminütiger Verspätung kamen die ersehnten Experten in einem kleinen, weißen Auto angefahren. Der Leiter der Agrarabteilung, Jurist und zuständig für die ländliche Entwicklung in Vorarlberg, saß am Steuer. Am Beifahrersitz erkannte man durch die verstaubte Scheibe eine Frau. Enttäuschtes Raunen ging durch die Wartenden. Wo blieben die Vermesser?

Der Jurist, ein kleiner, untersetzter Mann, der kaum das Autodach überragte, mit Nickelbrille und feuerrotem Haar, stieg aus. Er stellte sich dem Bürgermeister als Dr. Jussel vor. Ein leicht zu merkender Name, fügte er hinzu, man müsse nur an sein vollendetes Jusstudium denken. Der Bürgermeister lachte pflichtschuldig, die Bauern grüßten zurückhaltend.

Dr. Jussel erklärte, seine Begleiterin vom Vermessungsamt würde, sobald sie mit dem Aufbau der Apparatur fertig sei, die Lage der alten Grenzzeichen im Gelände rekonstruieren. Bis dahin könne er zu Fragen bezüglich der Rechtssicherheit von Katastergrenzen Stellung nehmen.

Es kamen keine Fragen. Alle Augen waren auf die junge Frau gerichtet, die aus dem Auto gestiegen war und sich dann zur vollen Größe aufrichtete. Entfaltete wäre der passendere Ausdruck gewesen. Denn es schien, als müsse sie ihre langen, schlanken Glieder nach der eingezwängten Enge des Autos erst in Form bringen.

»Einsachtzig«, flüsterte einer.

»Mindestens einsneunzig«, ein anderer.

Die Frau tat, als wäre sie sich ihrer Wirkung nicht bewusst, grüßte die Versammelten unbefangen mit einem »Guten Morgen allseits« und holte aus dem Kofferraum die Vermessungsgeräte. Sie schob einen kleinen Kasten, von dem viele Kabel ausgingen, in einen Rucksack und schnallte ihn um. Aus dem Rucksack ragte eine Stange mit einer länglichen Antenne. Dann verband die Frau die losen Kabel mit einer runden, klobigen Antenne und einer Tastatur. Die dicke Antenne steckte sie oben auf einen Teleskopstab und befestigte die Tastatur in Hüfthöhe an dem Stab. Zum Schluss schaltete sie das Gerät ein und verschiedene Lämpchen blinkten.

»Fertig«, sagte sie zu Dr. Jussel und sah mit den vielen Kabeln und Antennen aus wie eine Außerirdische, die soeben das erste Mal die Erde betrat. Die Bauern waren sichtlich beeindruckt. Von der großen Frau. Von der Technik. Und vor allem von der Kombination dieser beiden Tatsachen, die in ihrem Weltbild üblicherweise Gegensätze darstellten.

Dr. Jussel fragte, wo man beginnen solle und der Bürgermeister deutete auf seinem Plan auf das unbebaute Gebiet zwischen der Ferienhaussiedlung und dem Gasthof Enzian. Daraufhin setzte sich der Tross in Bewegung. Allen voran die verkabelte Frau mit den Antennen, dahinter Dr. Jussel und der Bürgermeister, der Bauunternehmer Hauser und schließlich die Grundbesitzer, die eine große Zahl Pflöcke mit sich schleppten.

Die Frau blieb stehen und einer der Bauern schickte sich an, einen Pflock neben ihren Füßen in den Boden schlagen.

»Nein warten Sie«, lachte die Frau, »ich habe noch kein gutes Ergebnis.«

Ein Kreis schweigender Menschen bildete sich um sie. Alle warteten. Entweder auf das *gute Ergebnis* oder auf eine Erklärung. Niemand wollte sich die Blöße geben, zu fragen, was denn ein *gutes Ergebnis* sei und wie es überhaupt zustande käme, mit diesen Kabeln und Antennen. Vermessungsgeräte hatte man sich anders vorgestellt.

Schließlich wagte Alois Hauser, die Frau anzusprechen. »Äähäm«, räusperte er sich zuerst, bevor er einen Satz herausbrachte. »Messen Sie mit Tschippi-Äs, wenn ich fragen darf?«

Die Frau bejahte und sagte, nur mittels GPS käme man in so einem großen Rutschgebiet weiter. Dabei sprach die Frau die drei Buchstaben GPS anders aus als der Hauser, nämlich englisch. Dennoch war ihr Tonfall nicht belehrend.

So traute sich auch Kaspar Bahl nachzufragen, was den »Tschippi-Äs« eigentlich sei. Der Hauser antwortete an Stelle der Frau, das hieße, dass man mit Satelliten messe. Er habe selbst solche Geräte in seinem Fuhrpark im Einsatz, damit die Lastwagenfahrer wüssten, wo sie sind und er natürlich auch. Deshalb kenne er sich mit »Tschippi-Äs« so gut aus.

Die Frau lächelte mild.

Ein Piepsen ertönte aus ihrem Rucksack und sie bewegte sich ganz langsam zur Seite. Nach einem halben Meter steckte sie den Stab in den Boden und bohrte ein kleines Loch. Hier habe sich früher einmal der Grenzstein befunden, sagte sie und trat beiseite, damit die Männer den Pflock einschlagen konnten.

Die Bauern sahen auf den Pflock und versuchten, sich im Gelände zu orientieren. Aber da nichts mehr so aussah wie früher, half ihnen dieser eine Grenzpfahl auch nicht weiter. Sie folgten der Frau, die bereits auf dem Weg zum nächsten Grenzzeichen war.

Diesmal dauerte es weniger lang, bis sie ein *gutes Ergebnis* erzielte und ein zweiter Pflock wurde in die Erde gerammt.

»Wie genau ist das, wenn ich fragen darf?«, wollte Kaspar Bahl wissen.

»Circa fünf Zentimeter.«

»Zehn bis zwanzig Meter.«

Die Frau und Alois Hauser hatten gleichzeitig geantwortet und sahen sich nun feindselig an.

»Zwanzig Meter?«, wiederholte einer der Bauern Hausers Aussage. Dann könnte man doch ebenso gut schätzen!

Der Bürgermeister mischte sich ein und bat den Alois um Zurückhaltung. Er glaube, dass das Fräulein vom Amt sicher mehr von der Materie verstünde als er. Das saß. Die Bauern grinsten. Der Alleskönner Loisl und dümmer als eine Frau.

Größer konnte eine Beleidigung kaum ausfallen.

»Ich werde Ihnen kurz erklären, wie das geht«, sagte die Frau und steckte die Teleskopstange in die Erde, damit sie die Hände frei hatte. Wie der Herr richtig sagte, funktioniere diese Art der Vermessung über Satelliten. Die Antenne, dabei deutete sie auf das dicke Teil mit den Blinklichtern, empfange die Signale der Satelliten, die ständig rund um die Erde kreisten.

Die Bauern blickten angestrengt in den Himmel. Einer zeigte auf einen reflektierenden Punkt und fragte: »Ist das einer?«.

Die Frau lachte und der Fragesteller wurde vor Scham dunkelrot im Gesicht. Satelliten könne man nicht mit freiem Auge erkennen, fuhr sie mit ihrer Erklärung fort, die hätten bloß einen Meter Durchmesser und wären zwanzigtausend Kilometer von der Erde entfernt im Weltall draußen. »Stellen Sie sich vor«, sagte die Frau, »ein Flugzeug fliegt bloß in rund zehn Kilometern Höhe.«

Die Zuhörer hingen interessiert an ihren Lippen. Sie konnten sich den Zusammenhang zwischen den Grenzpunkten und dem Weltall zwar nicht so richtig erklären, aber die Bedeutung ihrer Grundstücksgrenzen stieg durch die Einbeziehung des Himmels deutlich an.

Die Frau sah sich im Gelände um, als suche sie etwas und bat dann einen der Bauern, doch zwei Pflöcke in ein paar Metern Entfernung in den Boden zu stecken. Damit sie sich mit dem Erklären leichter tue.

»Die Lage dieser Antenne über Satellitensignale zu ermitteln ist ganz einfach«, behauptete sie, aber niemand glaubte ihr.

»Wenn ich Ihnen sage, dass sich der gesuchte Grenzpunkt fünf Meter von diesem Pflock, drei Meter von jenem und vier Meter von dieser Stange entfernt befindet, können Sie mir dann die Lage des Punktes markieren?«

Die Frau blickte in verunsicherte Gesichter. Manche senkten die Augen, einige der Männer wichen ein paar Schritte zurück. Kaspar Bahl dachte kurz nach und antwortete, dass er dazu bloß ein Maßband bräuchte.

»Richtig«, bestätigte die Frau, »und genau dieses Maßband ist in dem Kasten im Rucksack eingebaut. Bildlich gesprochen, natürlich. Das Gerät weiß, wo die Satelliten sind, rechnet sich aus der Zeit, die das Signal von dort oben bis zu mir braucht, die Entfernung und weiß wo es sich befindet. Ist doch ganz einfach?«

Die Männer schauten sie ungläubig an.

»Denken Sie sich die Pflöcke, die ich gerade für das Beispiel verwendet habe, in den Himmel und schon haben Sie verstanden, wie GPS funktioniert.«

Manche Bauern kratzen sich am Kopf, andere am Kinn, einige wurden nervös und schabten mit den Schuhspitzen Muster in den Boden. Grenzpflöcke im Weltall, das war nun doch etwas weit hergeholt.

»Sollten wir nicht lieber die Arbeit fortsetzen?«, wagte der Bürgermeister den Lehrvortrag der Frau zu unterbrechen.

»Moment«, bat Hauser, »eine Frage hab ich noch. Sie sagten, sie würden auf wenige Zentimeter genau messen können. Mit Satelliten, die zigtausende Kilometer entfernt sind. Ist das nicht eine übertriebene Wunschvorstellung?« Selbstzufrieden erwartete er die Antwort.

»Da müsste ich Sie tiefer in die Materie einführen«, begann die Frau vorsichtig. Dazu fehle die Zeit. Nur auf einen gravierenden Unterschied zwischen den Geräten seiner Fuhrparknavigation und ihres Messinstruments möchte sie hinweisen. Sie benutze einen Korrekturdatendienst zur Verbesserung des Ergebnisses. Differentielles GPS nenne man das. Über diese Antenne, dabei zeigte sie auf das längliche Ding, das aus dem Rucksack ragte, würde sie sich via Mobilfunk in das österreichische Referenznetz einwählen. Die Wiener Zentrale schicke auf gleichem Wege die Verbesserungen, die nötig seien, um auf wenige Zentimeter genau messen zu können.

Hauser betrachtete verlegen die Rucksackantenne. Dann sagte er: »Das wäre das erste Mal, dass aus Wien etwas Brauchbares kommt.« Das Gelächter der Bauern schallte durchs Gfäll. Es klang wie ein Applaus für den Bauunternehmer, der die Männer mit einem Scherz aus der peinlichen Situation befreit hatte.

Nur Dr. Jussel blickte etwas indigniert in die Runde. Er verstand die Anspielung nicht. Bezog sie sich vielleicht auf seinen Wiener Akzent, den er trotz dreißig Jahren Aufenthalt in Vorarlberg nie hatte ablegen können?

Die Grenzwiederherstellung wurde fortgesetzt. Mit jedem weiteren Pflock gewannen die Grundstücke an Gestalt. Das seltsame Himmelsempfangsgerät der Vermesserin blinkte und piepste und man akzeptierte die kleinen Markierungslöcher, die sie mit der Teleskopstange im Boden hinterließ. Während die Frau vorausging, schlugen die Männer dort die Pflöcke ein. Immer wieder bildeten sich Grüppchen und die Bauern diskutierten die Lage der Grundstücke. Der Menschenknäuel hatte sich in eine lange Kette verwandelt.

Der Bauunternehmer Hauser, der keinen Besitz im Gfäll hatte, verlor das Interesse und zog sich zurück. Auch der Bürgermeister verabschiedete sich, nachdem er gesehen hatte, wie reibungslos alles ablief.

Schließlich gelangte man in die Nähe der großen Felsblöcke, die während der Hangrutschung wie Pickel aus der weichen Masse herausgequetscht worden waren. Sie waren derart massiv, dass die Planierraupen nur um sie herum hatten fahren können. Die Frau markierte im Entwässerungsgraben davor einen schmalen Streifen. Als die Pflöcke im Boden steckten, fragte einer der Bauern, um welchen Besitz es sich hierbei handle. Das sei die Zufahrt zum Grundstück Nummer 433 gewesen.

»Vierhundertdreiunddreißig? Das bin ich!«, rief einer der Männer und trat an die Vermesserin heran.

Die Frau zeigte auf den Plan und fuhr mit dem Finger zwei parallelen Linien entlang, die in ein großes Viereck mündeten. Der Besitzer von Parzelle 433 blickte abwechselnd auf den Plan und ins Gelände.

»Ich weiß noch genau, wie meine Zufahrt ausgesehen hat«, sagte er. »Sie lief über eine kleine Kuppe und erschloss das dahinterliegende Feld. Eine kleine, sumpfige Ebene.« Ungläubig starrte er auf die Pflöcke. »Das kann jedenfalls nicht stimmen, Fräulein, auf meinem Grundstück gab es weder einen solchen Graben, noch derartige Felstrümmer.«

Dr. Jussel trat hinzu. Das sei vor der Rutschung gewesen, nun sehe das Gelände eben anders aus. Anstelle der Sumpfwiese könne er nun einen Steinbruch betreiben. Jussels Lachen zerbrach an der zornigen Miene des Mannes.

»Ich glaube eher, dass die Wiener falsche Daten senden«, sagte er feindselig.

Niemand lachte. Dr. Jussel blickte hilfesuchend zur Vermesserin hinüber.

»Ich kann mich doch auf Ihre Angaben verlassen, nicht wahr?«, vergewisserte er sich.

Die Frau nickte.

Kaspar Bahl mischte sich ein und machte den Vorschlag, weitere Grenzen zu markieren, ohne Streit zu beginnen. Dass die Felsen früher nicht dagewesen seien, daran könne sich jeder erinnern, dafür könne man das Fräulein vom Amt nicht verantwortlich machen.

Hinter den Felsblöcken war die Landschaft von zahlreichen Gräben durchzogen, steile Böschungen und hohe Absätze machten das Gelände nahezu unbewirtschaftbar. Daran hatten auch die Planierraupen nichts ändern können. Mit jedem Grenzpflock stieg der Unmut unter den Bauern. Erst als die Truppe wieder gleichmäßig geneigte Hänge betrat, hellten sich zumindest die Gesichter derer auf, die hier ihre Grundstücke besaßen. Die anderen begannen zu murren.

Bis der Eigentümer von Parzelle 433 seinen Zweifeln freien Lauf ließ. »Meiner Meinung nach befand sich mein Grundstück unterhalb der Felsen«, behauptete er und zeigte auf den glatten Streifen zwischen den Gesteinsbrocken und der Landstraße. »Die Satelliten täuschen sich.«

Die Frau lächelte nachsichtig.

»Tut mir leid«, sagte sie verständnisvoll, »aber meine Angaben sind richtig.« Dort wo er sein Grundstück gerne sehen würde, sei früher die Landstraße durchgegangen.

Alle blickten zur Schotterpiste hinab. Kaum vorstellbar, dass die Frau Recht hatte.

»Können Sie das beweisen?«, fragte einer der Bauern. »Ich traue diesem Dingsda nämlich auch nicht.«

»Ich auch nicht.«

»Ich auch nicht.«

Immer mehr stimmten in den Chor des Misstrauens ein. Die Frau sah zu Dr. Jussel. Der zuckte hilflos mit den Schultern.

»Können Sie es beweisen?«, fragte er und fiel ihr damit in den Rücken.

»Ich kann es nur beweisen, wenn es im Gfäll irgendetwas gibt, das sich nicht bewegt hat«, sagte sie.

»Der Nazi!«, rief Kaspar Bahl. »Dem sein Haus ist stehen geblieben. Es liegt gleich da vorne hinter dem Hügel.«

Der Tross setzte sich in Bewegung. Allen voran wieder die Frau mit der blinkenden Antenne und den vielen Kabeln. Daneben der rothaarige Jurist, der der Vermesserin nur bis an die Brust reichte, dahinter die Bauern. In schweren Stiefeln, mit Pflöcken und Vorschlaghammer.

*

Der Kalbtaler polierte gerade sein Auto, als er die seltsame Prozession nahen sah. Er dachte im ersten Moment an die Enzianwirtin, die in ihrem religiösen Wahn eine Segnung der Felder bewirken wollte. Aber dann erkannte er die unheimliche Größe der Frau und den kleinen, pummeligen Mann an ihrer Seite. Was konnte dieses blinkende Ding sein, das sie mit sich führten? Eine Art Exorzierstab? Und die bewaffnete Meute der Bauern dahinter? War das der Mob, der ihn lynchen wollte? Nur weil sein Haus als einziges unversehrt geblieben war? Der Kalbtaler ließ Putzkübel und Lumpen stehen und verbarrikadierte sich im Haus. Durch die Gardinen spähte er nach draußen.

Die Prozession hielt direkt auf ihn zu und machte erst an der Ecke seines Grundstückes Halt. Dem Kalbtaler pochte das

Herz wie wild vor Angst.

Die Riesin hob das blinkende Ding an und stellte es auf den Grenzstein, den er vorige Woche frisch angemalt hatte. Die Bauern umringten sie und trampelten dabei seinen Rasen nieder. Nach kurzer Zeit gab der Rothaarige das Kommando zum Aufbruch und die Meute machte kehrt. Der unerklärliche Spuk war vorbei.

*

Auf dem Rückweg pflockten die Bauern nach Anweisungen der Vermesserin die ehemalige Lage der Landstraße aus. Sie ging mitten durch das glatte Feld unterhalb der Felsblöcke, wie die Frau vorausgesagt hatte. Unter den benachteiligten Grundbesitzern brach erneut eine heftige Debatte aus. Diesmal stellte man nicht mehr die Richtigkeit der Angaben in Frage, sondern deren Sinn. Es sei doch völlig egal, wo sich die Straße vor der Rutschung befunden habe, sagte der Mann von Parzelle Nummer 433. »Jetzt ist sie da unten und damit basta. Mein Grundstück begann an der Straßengrenze und tut es auch heute noch. Das hier ist mein Besitz.« Er stampfte auf die Erde, um seinen Anspruch deutlich zu machen.

Bevor Dr. Jussel seine Rechtsmeinung dazu formulieren konnte, warf ein grobschlächtiger Bauer die Pflöcke, die er trug, auf den Boden und baute sich vor dem Sprecher auf.

»Das würde dir so passen, Erwin. Du hättest das glatte Stück Land und ich bekäme die Felsen darüber. Nein! Es ist so, wie das Fräulein vom Amt sagte. Dir gehört der Platz mit den Steinen und mein Feld liegt dahinter in der Ebene. Verstanden?«

»Aber meine Herren«, versuchte sich der Jurist Gehör zu verschaffen. Seine dünne Stimme klang ängstlich. Die beiden Kontrahenten beachteten den kleinen Mann gar nicht und begannen sich gegenseitig zu stoßen und anzupöbeln. Eine Schlägerei drohte.

»Schämt ihr euch nicht?«, rief Kaspar Bahl und trat dazwischen. »Was wird sich wohl das Fräulein vom Amt denken?«

Die Männer ließen murrend voneinander ab.

»Meine Herren!« Dr. Jussel probierte noch einmal die Aufmerksamkeit auf sich zu lenken. »So lasst mich doch erklären.«

Es hörte niemand zu. Kaspar hatte die Führung übernommen und ging mit der Vermesserin voraus. Er wollte, dass sie auf seinem Grundstück die alten Grenzen rekonstruierte. Jodok Stadler folgte den beiden dicht auf den Fersen. Dr. Jussel trottete hinterdrein. Ein paar Bauern schlossen sich an, andere blieben heftig diskutierend bei den Felsen zurück.

Die Vermessung von Kaspar Bahls Anwesen ergab, dass sein Haus tatsächlich zur Gänze auf dem Grundstück seines Nachbarn Herbert stand. 35 Meter von seinem ursprünglichen Platz entfernt. Die Hangrutschung hatte es wie einen Bauklotz verschoben. Und Herberts schiefer Stall befand sich nun auf ehemaligem Straßengrund.

»Und was bedeutet das für mich, für uns alle?«, fragte Kaspar den Juristen und versuchte das triumphierende Gesicht Jodok Stadlers zu ignorieren.

Auf diesen Augenblick hatte Dr. Jussel die ganze Zeit über gewartet. Endlich durfte er sein Wissen ausbreiten. Zuerst erklärte er die geltende Rechtslage, die von der Unverrückbarkeit der Grenzen ausgehe. Jodok nickte zustimmend.

Unverrückbarkeit bedeute, dass verrutschte Grenzsteine wieder an ihren ursprünglichen Platz zurückgesetzt werden müssen. Das Gleiche gelte für Dinge, die über die Grundstücksgrenze hinaus bewegt worden seien. Dr. Jussel zitierte: »Befindet sich fremdes Eigentum auf einem Grundstück, so geht es in den Besitz des Grundstückseigners über, wenn trotz Aufforderung das fremde Eigentum nicht binnen der Frist von einem Jahr abtransportiert wird.«

Herbert lachte und sagte zu Kaspar: »Du hättest sogar zwei Jahre Zeit gehabt, dein Haus wieder zurückzunehmen. Jetzt gehört es mir.«

Dem Kaspar war nicht nach Scherzen zumute. Er schüttelte den Kopf, als könnte er das Gehörte dadurch aus der Welt schaffen.

Dr. Jussel fuhr fort. Die Situation im Gfäll sei einzigartig, eine absolute Ausnahme. Noch nie sei es vorgekommen, dass Gebäude vollständig auf fremden Grund gerutscht seien. So etwas hätte man in Österreich, ja selbst in Europa bis jetzt nicht gehabt!

Der Jurist steigerte sich in eine Erregung, als ob die Katastrophe im Gfäll einem Lottosechser gleichkäme. »Diese Ausnahmesituation erfordert neue Richtlinien! Die bisher geltenden Gesetze können den Umständen nicht gerecht werden. Sie wurden für den Normalfall geschaffen und können nicht eins zu eins aufs Gfäll angewendet werden.«

Kaspar ließ sich von der Stimmung des Juristen mitreißen und schöpfte Hoffnung. Die Worte *einzigartig* und *gerecht* klangen verheißungsvoll in seinen Ohren.

Seine Abteilung habe bereits vor Monaten ein Rechtsgutachten in Auftrag gegeben, das die spezielle Lage im Gfäll berücksichtige, sagte Dr. Jussel und blähte die Brust vor Stolz.

»Und?«, unterbrach ihn Kaspar ungeduldig.

»Darin steht, dass unter gewissen Voraussetzungen auch Grenzen mit dem Gebäude mitrutschen können.«

Dann sei ja alles in Ordnung, meinte Kaspar erleichtert, aber der Jurist wandte ein, dass die Sache nicht so einfach wäre. »Wenn Ihr Grundstück sich nun rechtlich gesehen um 35 Meter Richtung Ach verschiebt, was passiert dann mit den anderen Grundstücken?«

»Die verschieben sich genauso«, antwortete Kaspar ohne lang nachzudenken.

»Dem untersten Eigentümer am Achufer fehlen dann aber 35 Meter. Soll er am Bergkamm oben einen Ersatz erhalten?«

Kaspar runzelte die Stirn. Das war tatsächlich eine verzwickte Situation. Gab es überhaupt eine Lösung?

Nach und nach trafen immer mehr Bauern bei Kaspar Bahls Anwesen ein. Der Kreis der Zuhörer erweiterte sich. Dr. Jussel stand im Mittelpunkt des Interesses und wuchs förmlich über sich hinaus. Seine Stimme gewann an Festigkeit und als er das

Konzept der Flurbereinigung vorstellte, wagte ihn niemand mehr zu unterbrechen.

»Die Flurbereinigung ist ein Verfahren, das eine Lösung für die Grundstücksproblematik im Gfäll bringen wird«, verkündete er wie ein Prophet. »Von jedem Eigentümer wird der bisherige Besitz bewertet, Größe und Ertragszahl spielen dabei eine wesentliche Rolle. Dann wird das Gfäll neu aufgeteilt. Jeder Eigentümer erhält ein gleichwertiges Grundstück. Das kann kleiner, aber dafür fruchtbarer sein als das bisherige. Oder größer und dafür von Gräben durchzogen. Es bleibt also weder die Lage noch die Fläche erhalten, sondern nur die Qualität. Und auf die kommt es letztendlich an. Grundstücke behalten ihre Lage bloß, wenn Bauwerke darauf stehen. Voraussetzung für so eine Flurbereinigung ist allerdings, dass sich alle Grundstücksbesitzer über den Verlauf ihrer alten und natürlich auch der neuen Grenzen einig sind!«

Aufgebrachte Stimmen näherten sich. Man konnte jedoch wegen der Geländekuppe nicht sehen, wer da im Anmarsch war.

Dr. Jussel breitete die Arme wie ein Prediger aus. Er rief seine Zuhörer zum Zusammenhalt in dieser schwierigen Situation auf und schwor sie auf Harmonie ein. Es müsse unbedingt Übereinstimmung über den Grenzverlauf erzielt werden. »Nur wenn sich alle Eigentümer über ihre gemeinsamen Grenzen einig sind; nur wenn die Streitfälle und Zwistigkeiten zwischen den Nachbarn ausgeräumt sind; nur dann gibt es einen Neuanfang und –«

Der Satz ging in der lautstarken Ankunft einer Gruppe von Bauern unter. Die Männer trugen schwere Bündel von erdverschmierten Pflöcken. Sie bahnten sich einen Weg durch den Kreis der Zuhörer und warfen die Grenzpfosten vor dem Juristen zu Boden. Einer der Männer war der Eigentümer von Parzelle Nr. 433. Aus seiner Nase quoll ein Pfropfen gestockten Blutes und seine Oberlippe war dick geschwollen. Man verstand kaum, was er zu Dr. Jussel sagte. Er nuschelte etwas von wieder ausgerissenen Grenzpfosten und hinein schieben können. Hinten hinein.

Zwei Wochen später erhielt der Bürgermeister ein Schreiben von der Agrarabteilung. Es lagen Pläne mit den Gfäller Grundstücksgrenzen bei. Bei einem Plan war das aktuelle Luftbild eingeblendet. Man konnte auf einen Blick erkennen, welche Gebäude zur Gänze oder nur teilweise auf fremden Grund standen. Das helle Band der Schotterstraße war weit von seinen ehemaligen Grenzen entfernt.

Im Schreiben erklärte sich die Agrarabteilung bereit, die Lösung der Grenzproblematik weiterhin mit juristischem Rat zu unterstützen. Auch das Angebot, Vermessungsarbeiten durchzuführen, bestünde nach wie vor.

Der Bürgermeister müsse lediglich für das Einverständnis unter den Grundbesitzern sorgen, *bevor* die Agrarabteilung weitere Amtshandlungen unternehme. Hochachtungsvoll, Dr. Jussel.

*

Es kehrte wieder gespenstische Ruhe im Gfäll ein. Auf den Humushaufen wucherten Brennnesseln, das Ödland daneben blieb kahl.

Die Planierraupen hatten nur die offenen Spalten im Boden schließen können, die Gräben aus Missgunst und Neid, die schon unter der intakten Oberfläche bestanden hatten, wurden immer tiefer.

*

Einzig der Kalbtaler konnte mit sich und der Welt zufrieden sein. Ob die Einigung über die Grundstücksgrenzen, diese Flurbereinigung, je zustande kam, war ihm einerlei. Sein Häuschen war mitsamt seinem Garten fest im Boden verankert. Nicht einmal die angeblich größte Hangrutschung Europas hatte ihn von seinem Standpunkt fortbewegen können.

Zudem hatte eine *Bereinigung* in seinem Sinne längst stattgefunden: Die armselige Behausung unterhalb der Straße war vom Erdboden verschwunden. Der alte Ausländer und seine Frau würden nie mehr wiederkehren dürfen. Im Gefahrenzonenplan war das ganze Gebiet als »gefährliche Rutschung« ausgewiesen und Neubauten daher nicht zulässig.

Die ungetrübte Sicht bis hinunter zur Ach war ihm somit auf Lebzeiten garantiert.

Gefahrenzone
6 Jahre später

Es war gegen drei Uhr nachmittags, als der Bürgermeister das Gemeindeamt aufsperrte. In Erwartung seiner Gäste räumte er den Schreibtisch ab und verstaute Aktenstapel und unerledigte Post in einem großen Schrank. Er rückte drei gleichartige Stühle heran und rollte seinen Ledersessel in eine Ecke. Dann trat er dicht vor das Porträt des Landeshauptmanns, das an der Wand hing. Er tänzelte zwei Schritte zurück, zur Seite und wieder nach vorne, bis die richtige Position gefunden war und sich sein Antlitz im Glas des Bildes spiegelte. Als er den Sitz seiner Krawatte überprüfte, fragte plötzlich eine Stimme: »Stör' ich? Oder hast du die Zwiesprache mit dem Häuptling schon beendet?« Lachend stand der Landesgeologe mitten im Raum, bevor der Bürgermeister etwas erwidern konnte.

»Hallo Ernst«, sagte der Bürgermeister und wandte sich dem Geologen zu. Sein Blick streifte kurz das Gesicht seines Besuchers und rutschte sofort tiefer, unwiderstehlich angezogen von leuchtend gelben Gummistiefeln. Langsam wanderten seine Augen wieder höher, über verwaschene Jeans, einen Rollkragenpullover, der farblich nicht vom dunklen Vollbart zu unterscheiden war, und trafen auf ein amüsiertes Grinsen.

»Stimmt was nicht?«, fragte der Geologe.
»Willst Du im Ernst in diesem Aufzug – ?«

»Einem Ernst ist es immer Ernst.«

»Aber es kommt der Bischof, der Landesrat, die Presse und überhaupt!«, schüttelte der Bürgermeister verständnislos den Kopf.

»Ich passe mich den Umständen an, nicht dem Status von Personen. Und weil es soeben zu regnen beginnt, werden in einer Stunde da draußen sämtliche Halbschuhe im Morast versinken. Dann werdet ihr mich um die guten Stiefel beneiden.« Der Geologe lachte selbstbewusst, betrachtete den Bürgermeister und sagte: »Schade um deinen schönen Anzug, Rudolf.«

Es klopfte und ein Mann in einer Art Trachtenanzug stand in der offenen Tür.

»Herr Hofrat Machinski, bitte treten Sie ein!«, sagte der Bürgermeister dienstbeflissen und bedankte sich sogleich, dass der Sektionsleiter der Katastrophen- und Zivilschutzbehörde sich Zeit genommen habe, persönlich vorbeizuschauen.

»Guten Tag, Herr Reiter, Guten Tag Herr –«, irritiert blickte Machinski auf den Geologen und stockte in der Begrüßung. Die Gummistiefel hatten ihn aus dem Konzept gebracht. Der Sektionschef war sichtlich bemüht, seine Augen von dem Gelb zu lösen, aber während er dem Geologen die Hand schüttelte, huschten sie erneut nach unten. Machinski blinzelte, um den Bann zu brechen, sagte mit lauter Stimme, dass sie keine Zeit zu verlieren hätten und daher in medias res gehen sollten.

Er entrollte einen mitgebrachten Plan und bezeichnete ihn als Vorschlag, der auf der Basis der Untersuchungen des Geologen Jonavic zustande gekommen sei. Bei der Erwähnung des Namens Jonavic bäumte sich das Papier auf und schnellte zu zwei Rollen zusammen. Machinski glättete den widerspenstigen Plan und bat den Bürgermeister um Hilfe. Rudolf holte seine verräumten Akten aus dem Schrank und beschwerte die Ecken des Papiers damit.

Mittlerweile hatte sich der Landesgeologe über das Kartenwerk gebeugt und runzelte nachdenklich seine Stirn. »Ist dem Jonavic die Kaffeetasse aus der Hand gefallen? Dieser braune Fleck sieht verdammt dunkel aus.«

Machinski ignorierte die Bemerkung und wandte sich dem Bürgermeister zu. »Herr Reiter!«, sagte er und zeigte in die Mitte des Planes. »Hier sehen Sie die Kirche und das Ortszentrum Scheibleggs in hellem Braun. Und hier –«, er zog mit der Hand einen Bogen von Nordwesten nach Süden, »das Rohrmoos bis hinunter zum Krähenberg in intensivem Braun.«

Der Bürgermeister starrte verständnislos auf das Papier und fragte, was die Brauntönung seines Ortes zu bedeuten habe.

Machinski wollte antworten. Der Landesgeologe kam ihm zuvor. In seinen Augen funkelte der Schalk als er erklärte: »Aufgrund der vielfältigen Bedrohungen in Vorarlberg sind der Katastrophenbehörde – äh Schutzbehörde – die Farben ausgegangen. Und weil im Gfäll der Nazi haust, erschien braun naheliegend. Der Gefahrenzonenplan weist das Gfäll nun als *intensiv braune* Zone aus.«

Der Bürgermeister stöhnte auf. Die Präsenz des Kalbtalers sei Strafe genug, klagte er. Er habe gehofft, dass die Rutschung ihn von diesem Menschen befreien würde. Aber nein, ausgerechnet der Kalbtaler sei als einziger ungeschoren davongekommen. Ein Schandfleck für Scheiblegg. Und *ein* brauner Fleck reiche. Er möchte deshalb wissen, warum man ihn nun mit braunen Zonen quäle. Der spöttische Ton des Geologen war ihm offenbar entgangen.

Machinski gebot dem Geologen mit einem durchdringenden Blick zu schweigen und erklärte die ganze Materie von vorne. »Wie Sie wissen, Herr Reiter, gibt es im Gefahrenzonenplan Gebiete mit unterschiedlichem Gefährdungspotenzial. Bisher wurden in Österreich gelbe und rote Gefahrenzonen ausgewiesen, in denen die Gefährdung durch Wildbäche und Lawinen derart groß ist, dass Bebauung nur sehr eingeschränkt möglich ist oder sogar ganz ausgeschlossen wird. Im Gfäll und in Scheiblegg haben wir es jedoch mit Hangrutschungen und nicht mit Wildbächen zu tun. Daher wurde eigens aus diesem Anlass – und hier gebe ich dem Geologen der Landesverwaltung Recht – eine neue farbliche Kennzeichnung geschaffen.

Seit heuer gibt es braune Hinweisbereiche in zwei Kategorien: Intensiv braun und normal braun. Von den Auflagen her sind die beiden gleichzusetzen mit den gelben und roten Gefahrenzonen.«

Der Bürgermeister fuhr mit dem Zeigefinger die Grundstücksgrenzen entlang. »Aber dann liegen diese Häuser und Bauplätze ja alle praktisch in einer roten Zone!«, rief er entrüstet. Machinski nickte und verbesserte: »Intensiv braune Zone«.

Das hieße Bauverbot, empörte sich der Bürgermeister. Das ginge auf gar keinen Fall! Die Gemeinde habe erst zu Beginn des Jahres die letzten freien Flächen im Rohrmoos als Bauland gewidmet.

Der Plan sei erst ein Entwurf, ein Vorschlag, beschwichtigte Machinski. Aber der Bürgermeister entsetzte sich mehr und mehr, je länger er den Gefahrenzonenplan studierte: Die Kirche, das Ortszentrum, alles braune – also gelbe Zone, wo Bebauung nur sehr eingeschränkt möglich ist; das könne man nicht machen. Das komme einer Entvölkerung gleich! Wo bitte schön, dürfe man denn überhaupt noch wohnen in Scheiblegg?

»Jeder darf dort wohnen, wo er jetzt bereits wohnt«, versuchte Machinski den aufgebrachten Bürgermeister zu beruhigen. Nur Neubauten und Erweiterungen würden ein Problem darstellen. Scheiblegg sei nun einmal Rutschgebiet. Im Moment zwar nicht so schnell in Bewegung wie das Gfäll vor ein paar Jahren, aber der geologische Untergrund sei derselbe. Das habe der Geologe Jonavic festgestellt.

»Moment«, mischte sich der Landesgeologe ein, »Jonavic stellt nicht fest. Er *vermutet*. Denn er kann genauso wenig wie ich in den Boden hineinschauen.«

Aber hineinhören könne er, verteidigte Machinski den Abwesenden. »Mit geophysikalischen Messgeräten.«

Der Landesgeologe pfiff verächtlich Luft durch die Zähne. Dann sagte er, dass er das Gefährdungspotential bei weitem nicht so dramatisch sehe und er die intensiv braune Zone auf diesen kleinen Bereich beschränken würde. Dabei umkreise sein Finger das Anwesen Stadlers mitsamt dem neuerrichteten

Hof. Herausfordernd blickte er den Bürgermeister an.

Dieser verstand die Anspielung auf das positive geologische Gutachten von Dr. Gütl, ging jedoch nicht darauf ein. Er sagte bitter zum Sektionschef: »Sie sehen, Herr Hofrat, hier prallen Expertenmeinungen aufeinander. Ich kann da nicht mitreden, sondern nur die Situation der Gemeinde klarlegen. Dieser Planentwurf würde über kurz oder lang das Ende von Scheiblegg bedeuten. Er sieht keine Entwicklungsmöglichkeit vor, die Menschen würden abwandern. Diesem Vorschlag werde ich nie zustimmen.«

»Ich auch nicht«, sagte der Landesgeologe und rechnete dem Machinski vor, dass es somit unentschieden mit zwei gegen zwei Stimmen stünde.

»Das ist hier kein Fußballmatch, bei dem es Sieger und Verlierer gibt, meine Herren. Der Gefahrenzonenplan ist ein flächiges Gutachten, eine notwendige Grundlage für den Bebauungsplan und für die Siedlungsentwicklung. Ein gutgemeinter Ratschlag. Sie müssen ihn nicht akzeptieren. Aber wenn etwas schiefgeht, fließen keine Gelder aus dem Katastrophenfond. Wer sich nicht an unsere Empfehlungen hält, kann auch nicht mit unserer Unterstützung rechnen. Daher wäre es in Ihrem Sinne, eine Einigung anzustreben. Ich lasse Ihnen den Vorschlag hier.«

Machinski sah auf die Uhr und erhob sich. Er reichte den Männern zum Abschied die Hand und bevor er hinausging, wandte er sich dem Geologen zu: »Eines möchte ich noch richtigstellen, bevor ich es vergesse. Es gibt kein *Unentschieden* bei der Genehmigung des Gefahrenzonenplans. Bei zwei gegen zwei Stimmen hat die Stimme des Bundesministers mehr Gewicht. Und dieser vertritt meine Meinung.«

»Mensch Ernst!«, sagte der Bürgermeister zum Geologen, als der Sektionschef gegangen war. »Du musst dir deine *Katastrophenbehörde* abgewöhnen. Die Verkürzung mag zwar mitunter treffend sein und witzig klingen, aber der Machinski versteht da keinen Spaß.«

»Aber sieh dir diesen Plan an. Das hat mit Katastrophen*schutz* wenig zu tun. Schon gar nicht mit Zivil*schutz*!«

Der Bürgermeister nickte zustimmend und beugte sich erneut über den Plan. »Da!«, rief er entsetzt und presste seinen Zeigefinger auf das Papier. »Dem Hauser seine Bauplätze liegen alle im Dunkelbraun. Er hat heuer um die Betriebserweiterung angesucht und ich hab ihm die Zustimmung gegeben. Mündlich vorerst, weil die genauen Unterlagen noch fehlen, aber trotzdem. Ich bin ihm so gut wie im Wort!«

Der Geologe schüttelte missmutig den Kopf und sagte, er könne diesen Gefahrenzonenplan nicht nachvollziehen. Praktisch das ganze Rohrmoos als Bauverbot auszuweisen, sei reine Schikane. Da wolle sich der Jonavic bloß wichtig machen. »Weißt du Rudi, dieser neue Geologe regt mich langsam auf.«

»Warte Ernst«, unterbrach ihn der Bürgermeister nach einem Blick auf die Uhr, »Wir müssen los, sonst kommen wir zu spät. Fahr bei mir mit, dann können wir weiterreden.«

»Darf ich trotz meiner Gummistiefel in dein Auto?«

Auf der Fahrt ins Gfäll zeigte der Landesgeologe auf die zahlreichen Rohre, die aus dem Boden aufragten und klagte: »Der Jonavic lässt überall Bohrprofile machen, damit er die Bodenstruktur besser versteht. Das kostet ein Heidengeld, aber das spielt bei ihm keine Rolle, weil es über irgendein Forschungsprojekt der EU finanziert wird. Die Ergebnisse sind zwar interessant, das gebe ich gerne zu, aber sie reichen bei weitem nicht aus, den ganzen Hang zu verstehen. Man muss das Gebiet zu Fuß erkunden, die Erde angreifen, die Finger in ihre Wunden, in die Spalten legen. Dann erst spürt man die unterschiedlichen Schichten, fühlt man wie schmierig Mergel ist, wie brüchig der Sandstein. Ich war in den letzten Jahren monatelang sowohl im Gfäll als auch in Scheiblegg unterwegs. Ich kenne die Risse, die krummen Bäume, die Zeichen einer beginnenden oder abklingenden Rutschung. Ich weiß, wo das Wasser nach einem Regen stehen bleibt, wo es versickert und wo es wieder austritt. Der Jonavic kommt zweimal im Jahr vorbei und fährt mit dem Auto das Gelände ab. Seine Interpretation des Hangs ist wie eine Ferndiagnose. Er hat zwar mehr Daten und Messergebnisse als ich zur Verfügung, aber er hat den Patienten selbst nie richtig gesehen.«

Der Bürgermeister blickte verwundert zum Geologen hin. So ernst und leidenschaftlich hatte er ihn noch nie über seinen Beruf sprechen hören.

»Auf die Art«, fuhr der Geologe fort, »kommt dann ein absurder Gefahrenzonenplan zustande, bei dem meine Stimme weniger zählt als die des Jonavic.«

»Der Jonavic ist aber kein Mitglied der Genehmigungskommission«, warf der Bürgermeister ein. »Dazu gehören wir beide, der Machinski und der Bundesminister.«

»Das schon, aber der Machinski vertraut auf seinen smarten Jonavic und der Bundesminister auf den treuen Machinski.«

»Du musst den Machinski eben von deinen Ansichten überzeugen!«

»Der hat etwas gegen meine Gummistiefel, da ist nichts zu machen.«

*

Katja sah angestrengt aus dem Fenster. Die kurvige Straße zerrte an ihren Magennerven und der rasante Fahrstil ihres Kollegen verschlimmerte ihren Zustand. Ihr war speiübel.

»Bitte fahr langsamer«, sagte sie.

»Wir kommen zu spät«, widersprach der Fahrer. Aber als er in Katjas bleiches Antlitz blickte, ging er sofort vom Gas herunter. Sie versuchte dankbar zu lächeln und fragte, wie weit es denn noch sei.

»Nur mehr zwei Kehren, dann haben wir die Passhöhe erreicht. Danach geht es fast ohne Kurven nach Scheiblegg hinab und von dort aus ist es ein Katzensprung bis ins Gfäll. Das schaffen wir schon.«

Katja nickte und betrachtete die Fahrbahn, die sich durch dichten Wald schlängelte. In der Kehre stützte sie sich an der Wagentüre ab und versuchte der Fliehkraft durch die schräge Körperhaltung entgegenzuwirken.

Nur mehr eine Kehre.

Sie atmete konzentriert. In das Unwohlsein mischte sich

Nervosität. Es war die erste selbständige Reportage, die sie machen würde. Und sie hatte kaum Zeit gehabt, sich darauf vorzubereiten. Auf der Fahrt hatte sie mit dem Fotograf über die Hangrutschung vor acht Jahren reden wollen, aber die Übelkeit verschloss ihr den Mund. Und weil sie nichts sagte, schwieg auch der Fahrer.

Die letzte Kehre.

Der Wald blieb hinter der Anhöhe zurück und ein freier Blick auf ein liebliches Tal öffnete sich. Obwohl es aufgehört hatte zu regnen, war die Luft von der Feuchtigkeit schwer. Irgendwo durchbrach ein Sonnenstrahl den Wolkenschleier und verwandelte die letzten Tropfen in funkelnde Glasperlen. Die nassen Wiesen strotzten vor Grün. Aus den Poren des glänzenden Asphalts krochen dünne Nebelfäden, Hausdächer dampften, als würden sie brennen.

Katjas Lebensgeister kehrten zurück. Sie öffnete das Wagenfenster und hielt die Nase in den Fahrtwind. Mit der Hand zeigte sie auf das kleine Dorf, das sich am Fuß der steilen Bergflanke auf einer Ebene ausbreitete und fragte, ob dies Scheiblegg sei. Der Fahrer nickte und ließ das Auto auf der schmalen Passstraße im dritten Gang hinabrollen. Katja sah den schlanken Kirchturm, den kleinen, fast gemütlich wirkenden Friedhof und die Häuser, die sich um den Kirchplatz drängten. Vom Zentrum aus griffen die schwarzen Bänder der Seitenstraßen in alle Himmelsrichtungen, bemüht, auf ihrem Weg zum hintersten Hof möglichst viele Häuser zu verknüpfen. Alles wirkte harmonisch.

»Die pure Idylle«, sagte Katja und zog den Kopf ins Wageninnere zurück, »wenn da nicht dieser Berg wäre, der das Dorf bedroht.«

»Der Berg stellt keine Gefahr dar«, erklärte der Fahrer. »Der steile Hang hier ist sogar das einzig Stabile in dieser Landschaft, sagen die Geologen.«

In Katjas Gesicht standen lauter Fragezeichen.

»Das Problem ist die Ebene, auf der das Dorf steht. Dieser Boden lag angeblich früher einmal als dicke Schicht auf der Bergflanke. Das Material ist abgerutscht und am Fuß des

Hanges zu liegen gekommen. Am Berg blieb der nackte Fels zurück. Dort bewegt sich nichts mehr. Aber der Rutschkuchen, so nennt der Geologe den Untergrund des Dorfes, ist wie ungebackener Teig. Langsam fließt er Richtung Ach hinab und zerreißt die Häuser, die auf seiner Oberfläche stehen. Das ist das Schicksal von Scheiblegg.«

Katja versuchte, sich den geologischen Vorgang wie in einem Zeitraffer vorzustellen. Es gelang ihr nicht. Erde war für sie stabil, Vertrauen erweckend. Vor allem eine so große Ebene wie das Gebiet von Scheiblegg.

»Woher weißt du das alles?«, fragte sie zweifelnd.

»Ich war von Anfang an bei der Katastrophe als Fotograf dabei. Es hat mich fasziniert. Diese Urgewalt, diese Kräfte, für die Häuser bloß Spielzeugschachteln sind. Damals kam ich sogar in meiner Freizeit her, das Staunen ließ mich nicht los. Und ich hörte den Geologen aufmerksam zu, wenn sie die Vorgänge in ihrer Sprache erklärten und anschaulich machten. Du kannst dir mein altes Bildmaterial einmal durchsehen, wenn es dich interessiert.«

Der Fahrer bremste. Sie hatten die Ebene fast erreicht. Vor ihnen lief ein deutlicher Absatz quer durch die Landstraße, den das Auto nur langsam überwinden konnte. Auf den nächsten zwanzig Metern bestand die Asphaltdecke aus dürftigem Flickwerk, danach war die Fahrbahn wieder tadellos. Katja drehte sich erstaunt um und betrachtete die abgesackte Landstraße, über die sie geholpert waren.

»Willkommen auf dem Rutschkuchen«, lachte der Fahrer.

»Aber hier sieht alles intakt aus«, sagte Katja und ließ ihren Blick über die Bauernhöfe schweifen.

»Du musst genauer schauen. Angeblich haben fast alle Häuser Risse und der Kirchturm steht schief.«

Katja versuchte gedanklich eine Lotlinie von der Turmspitze bis auf den Boden zu ziehen, aber da waren sie schon vorbeigefahren.

»Mir ist nichts aufgefallen«, sagte sie trotzig.

Der Fahrer ließ sich nicht beirren. »Weißt du, was der Name Scheiblegg bedeutet?«

Katja schüttelte den Kopf.

»Gut, das kannst du nicht wissen, du bist ja nicht aus Vorarlberg. Scheiblegg besteht aus zwei Wörtern. Scheibendes, also schiebendes Eck hieß es früher. Die ersten Bewohner wussten um die Gefahr, nur im Laufe der Zeit wurde das Wissen der Alten ignoriert und man baute auf Teufel komm raus überall hin.«

»Was ist denn das?«, fragte Katja, auf eine Baustelle deutend. »Suchen die hier nach Öl?«

Der Fahrer lachte sie aus, obwohl es sich bei der Apparatur eindeutig um einen kleinen Bohrturm handelte. Die Geologen würden hier Bodenproben entnehmen, erklärte er. Manchmal bauten sie auch dicke Rohre ein, die bis zu achtzig Meter tief hinunter reichten. Darin könnten sie dann Messinstrumente auf und ab fahren lassen, um festzustellen, wo die Rohre geknickt würden.

»Geknickt?«

»Mein Gott Katja, sei doch nicht so schwer von Begriff! Der Hang bewegt sich auf unterschiedlichen Schichten. Er kann in sechzig Metern Tiefe langsamer rutschen als in vierzig Metern. Und dann verbiegt sich so ein Rohr eben.«

Katja schwieg beleidigt. Für sie war das alles neu. Sie war im Flachland aufgewachsen und konnte ihre hehre Vorstellung von massiven Bergen, die unverrückbar bis in alle Ewigkeit in den Himmel ragten, nicht einfach fallen lassen und sie gegen das Bild wabbelnder Rutschkuchen eintauschen. Muren oder Schlammlawinen, also Veränderungen an der Oberfläche, gestand sie den Bergen ja noch zu. Aber eine schleichende, kriechende Fortbewegung empfand sie als heimtückisch und widerwärtig.

Der Wagen fuhr über die frisch asphaltierte Landstraße ins Gfäll hinein. Das ehemalige Rutschgebiet war immer noch deutlich zu erkennen. In den acht Jahren war kaum Gras über die zernarbte Landschaft gewachsen. Der Anblick erschütterte die Reporterin. Jetzt verstand sie, was der Fotograf mit

Naturgewalt und unvorstellbaren Kräfte gemeint hatte. Von den schiefen Giebeln, den leeren Fensterhöhlen, den abgerissenen Eingangstreppen und den verwahrlosten Gärten ging ein stummes Entsetzen aus, als ob die Ängste der einstigen Bewohner in den verlassenen Gebäuden hausten.

Hinter dem nächsten Hügel war der Spuk vorbei. Das Häuschen des Kalbtalers strahlte Lebensfreude aus, die roten Geranien zogen einen leuchtenden Farbstrich unter die klaren Fenster. Und Katja wunderte sich, dass jemand so nahe der Geistersiedlung ein neues Haus gebaut hatte.

»Das ist nicht neu«, klärte sie der Fotograf auf. »Das ist als einziges heil davongekommen.«

»Gutes Karma«, meinte Katja, »oder ein von Gott gesegneter Mensch.«

»Ich will dein Weltbild ja nicht zerstören, Katja«, sagte der Fotograf zögernd. »Aber schau im Internet einmal unter Kalbtaler nach. So heißt der *gute* Mann.«

Sie waren da. Am Parkplatz vor dem Gasthof Enzian ließen sie das Auto stehen und reihten sich ans Ende der Menschenschlange, die sich über einen unbefestigten Güterweg zu einem Hügel hinauf wälzte.

»Wir sind zu spät«, raunte Katja dem Fotograf zu. »Ich brauche Fotos vom Kopf der Prozession. Können wir nicht eine Abkürzung nehmen?«

Sie scherten aus und bahnten sich einen Weg über die distelverfilzten Felder.

»Das war keine gute Idee«, jammerte der Fotograf, der die schwere Ausrüstung schleppte und im vom Regen aufgeweichten Boden versank. Die zierliche Katja eilte voraus und holte sich beim Slalom durch das Dornengebüsch kaum Kratzer.

»Schneller, schneller, jetzt komm schon!«, hetzte sie und stürmte auf die blumengeschmückte Kapelle zu.

Die Prozession näherte sich im Schneckentempo. Der glitschige Boden machte den Leuten zu schaffen, sie hielten sich aneinander fest und die Alten bohrten die Gehstöcke tief in den Morast. Wenn auch nur einer gestürzt wäre, wäre der ganze Zug im Dominoeffekt umgekippt. Aber es geschah kein Unglück, sondern das Gegenteil: Gerade in dem Moment, als der Bischof und neben ihm der Dorfpfarrer die Anhöhe erreichten und vor die Kapelle traten, warf die tiefstehende Sonne ihre Strahlen auf den Regenvorhang, der sich hinten ins Tal zurückgezogen hatte. Ein prächtiger Regenbogen spannte sich vom Feuerkogel über die neue Kapelle bis zur Ach hinab.

Ehrfürchtiges Raunen machte sich breit und plötzlich rief eine durchdringende Stimme: »Ein Wunder, ein göttliches Zeichen!« Es war Anna, die Enzianwirtin. Sie stand im Begriff, sich der Länge nach in den Dreck zu werfen, um ihrer religiösen Hingabe Ausdruck zu verleihen. Josefs starker Arm hielt sie zurück.

»Du ruinierst dir die Tracht«, zischte er seiner Frau ins Ohr. »Und machst dich wegen eines Regenbogens zum Gespött!«

Seine harten Worte klangen angesichts des erhabenen Naturschauspiels wie Gotteslästerung. Rasch schlug er ein Kreuzzeichen und murmelte demütig: »Gelobt sei Jesus Christus«.

Die Spitze der Prozession fächerte sich vor der Kapelle auf. Die fünf wichtigsten Personen drehten sich mit dem Gesicht zur Menschenmenge um und warteten, bis im Gefolge Ruhe einkehrte. In der Mitte stand der Bischof, flankiert vom Pfarrer und vom Bürgermeister. Den jeweils äußeren Abschluss bildeten der Landesrat Rother und Hofrat Machinski.

Während der Fotograf die Szene filmte, skizzierte Katja die Personen in den ersten Reihen und notierte sich die Namen, die ihr der Fotograf zuflüsterte.

Der Bischof begrüßte alle Anwesenden und bat den Pfarrer um einen kurzen Rückblick auf die Geschichte der Kapelle, bevor es zum Gottesdienst und zur Einweihung ginge.

Von der wortreichen Rede hielt Katja auf ihrem Schreibblock bloß die Eckdaten fest: Entstehungsjahr 1694, Wallfahrtskapelle; zu dieser Zeit in Scheiblegg weder Kirche noch Kapelle; 1883 Erneuerung; 115 Jahre später Zerstörung durch Hangrutschung; jetzt 8 Jahre danach: Einweihung.

Der Pfarrer gab das Wort an den Bürgermeister weiter. Rudolf Reiter erläuterte die zahlreichen Hürden auf dem Weg zur Wiedererrichtung der Kapelle. Als er auf Annas Initiative und ihren unermüdlichen Eifer zu sprechen kam, wurde von der Menge der Wartenden eine Frau nach vorne gedrängt. Die Enzianwirtin stand nun mit glühenden Wangen vor dem Bischof und blickte zu Boden. Sie spürte das Objektiv der Kamera auf sich gerichtet und ihr Herz schlug vor Freude schneller. Gleichzeitig ärgerte sie sich über die Worte des Bürgermeisters und dachte sich, es ist wie bei einer Beerdigung. Ein Leben lang werfen sie dir Prügel vor die Beine und wimmeln dich ab und wenn es dann vorbei ist, lobt man deinen Einsatz. Heuchler, hätte sie am liebsten gerufen, aber dann fiel ihr die Gegenwart des Bischofs ein, auf dessen dreckverkrustete Schuhe sie schaute. Unglaublich, dass man derart schmutzig ihre Kapelle betreten wollte! Ihr Blick kroch über den Boden weiter zum Standort des Pfarrers. Anna erschrak. Am Saum seiner Soutane hingen Schlammkrusten so groß wie die Tischdeckengewichte, die sie im Gastgarten wegen des Windes benutzte. Von den Schuhen war unter den Knatteln kaum etwas zu erkennen. Da auch der Landesrat, der Bürgermeister und der Sektionschef dasselbe dreckstarrende Bild boten, wie musste erst sie selbst aussehen? Die Kamera! Anna flüchtete rücklings in die Menge und trampelte dabei ihrem Gatten kräftig auf die Zehen. Ein kleiner Tumult entstand, denn Josef fluchte laut vor Schmerz, während Anna sich eilig nach hinten drängte.

Der Bürgermeister hielt überrascht inne, fuhr aber nach kurzer Pause in seiner Rede fort:

»Sie hat die Spendengelder gesammelt, sie ist von Pontius zu Pilatus gelaufen, um einen geeigneten Platz zu finden, sie hat enormen Druck ausgeübt, um eine Baubewilligung durchzusetzen und jetzt – diese Bescheidenheit.«

Er räusperte sich. Zu dick aufgetragene Schmeicheleien waren nicht seine Stärke. Sie klebten wie ein zäher Belag auf den Stimmbändern. Trotzdem machte er in diesem Stil weiter, schließlich war die Presse da.

»Und wie der Pfarrer bereits sagte: Ein fester Glaube kann Berge versetzen. Oder, so wie ich sage, eine Kapelle mitten im Bauverbot errichten und wieder abtragen. Um dem irdischen Gesetz zu entsprechen, muss die Kapelle nämlich innerhalb von 48 Stunden vollständig zerlegt und in Sicherheit gebracht werden können. Sie sehen also meine Damen und Herren, liebe Freunde – wir haben versucht, gemäß der Bibel zu handeln: Gott zu geben, was Gott gebührt, nämlich seine vor acht Jahren zerstörte Kapelle, und den Gesetzgeber zu achten, der hier ein Verbot für eine permanente Bebauung erließ.«

Es folgten Dankesworte an die zahlreichen Spender, allen voran Kaspar Bahl, der seinen Grund als Bauplatz zur Verfügung gestellt hatte.

Dann trat der Sektionschef vor. Er wolle keine Rede halten, sagte Machinski, aber den Vergleich mit dem Bibelzitat aus des Bürgermeisters Ansprache müsse er etwas entschärfen. »Herr Reiter bezog sich auf den Satz des Markusevangeliums: Gebt dem Kaiser, was des Kaisers ist und Gott, was Gottes ist.«

Der Bischof und der Pfarrer drehten überrascht ihre Köpfe zum Sprecher hin: Machinski ein Bibelkenner?

»Weder die Katastrophen- und Zivilschutzbehörde, noch deren Sektionschef für Vorarlberg – also meine Wenigkeit – wollen als *kaiserliche Hoheit* auftreten. Uns liegen die Menschen und ihr Bedürfnis nach Heimat am Herzen. Unsere baurechtlichen Auflagen verhindern bloß, dass die Kapelle ein weiteres Mal zerstört werden kann. Wir helfen, schützen und unterstützen, wo wir können. Das ist unsere bescheidene Aufgabe.«

Amen, dachte sich der Bürgermeister und musste sich diesmal sehr lange räuspern.

Der Landesrat kündigte an, sich kurz zu fassen, schwadronierte dann aber über den Begriff der Heimat, die Bedeutung der bäuerlichen Lebensweise und stellte eine Verbindung zwischen Erdverbundenheit und Gottesglauben her. Nach dem Motto: Mit festem Boden unter den Füßen könne man vertrauensvoll zum Himmel aufschauen.

Katja strich diesen letzten Satz aus ihrem Protokoll. Sie musste sich wohl verhört haben.

Der Pfarrer öffnete die Tür zur Kapelle und ließ dem Bischof den Vortritt. Der Innenraum wirkte erstaunlich groß. Durch vier hohe Fenster aus buntem Glas fiel mehr Licht ein, als man es normalerweise von Kirchen gewohnt war. Es roch nach Harz statt nach Weihrauch. Das helle Fichtenholz an den Wänden stammte aus den zerstörten Waldparzellen unterhalb des Feuerkogels. Weil es sich um Schadholz handelte, das nicht mehr zu langen Brettern verarbeitet werden konnte, hatte man es zu schmalen Leisten gesägt und damit die Kapellenwand ausgekleidet. Die besten Holzstücke waren für die Sitzbänke verwendet worden. Klassische, unbequeme Kirchenbestuhlung, mit dem obligaten Folterbrett zum Niederknien und dem schmalen Fach für das Liederbuch. Je sechs Bänke standen zu beiden Seiten des Mittelganges, der mit grauen Steinplatten gefliest war, und schlossen bündig mit der Wand ab.

Keine Stufe trennte den vorderen Kapellenraum ab, der Steinboden ging barrierefrei bis zum Altar hin. Nur ein roter Läufer markierte den Übergang vom Profanen zum Heiligen.

Auch im Grundriss der Kapelle zeigte sich keine Betonung des Altarbereichs. Dort strebten, nicht wie sonst oft üblich, die Wände auseinander, um mehr Raum zu schaffen für das Göttliche, sondern das Gegenteil war der Fall: Die Seitenwände knickten bei der vordersten Bank um 45 Grad nach innen und schlossen sich nach einem weiteren Knick hinter dem Altar zur einer schmalen Stirnseite zusammen.

Schlicht und einfach gehalten, dachte sich Katja, als sie der Menschenmenge in die Kapelle folgte. Sie empfand die Architektur als modern und offen, gleichzeitig aber auch als heimelig und, wegen des Holz- und Harzgeruchs, irgendwie intim.

Die Bankreihen an der linken Seite waren schnell gefüllt, rechts ging es etwas zögerlicher, weil einige Männer den Frauen Platz machten und die Kapelle wieder verließen. Katja verstand nicht, was da vor sich ging. Es war ihr zwar klar gewesen, dass in die kleine Kapelle nie alle Menschen hineinpassen würden und dass eher die Männer diesen Umstand benutzen würden, derweil draußen oder im Gasthaus auf das Ende des Gottesdienstes zu warten. Aber warum die linke Seite zum Bersten und fast ausschließlich mit Frauen gefüllt war, während die rechten Bänke durchmischt und locker besetzt waren, wollte ihr nicht einleuchten. Rechts dominierten zudem die Jüngeren. Eigenartige Gesellschaftsordnung.

Der Fotograf filmte den Beginn des Gottesdienstes, dann verabschiedete er sich von Katja mit der Begründung, er wolle noch ein paar Stimmungsbilder von der Kapelle im Sonnenuntergang machen.

Katja blieb. Bald war ihr jedoch das Stehen lästig und sie zwängte sich neben einen jungen Mann in der letzten Bank auf der rechten Seite. Dort saßen nur vier Personen und es wäre noch Platz genug für ihren schmalen Körper gewesen, wenn die Herrschaften etwas zusammengerückt wären. Wäre, wenn. Aber Gottlieb Kirchbauer, so hieß der junge Mann, war von Katjas Auftauchen derart erschrocken, dass er unfähig schien, auch nur eine Handbreit von ihr weg zu rutschen. Er starrte sie aus großen blauen Augen an und fühlte den Druck ihrer Hüfte. Und ihres Schenkels. Und ihre Wärme. Hitze wallte in ihm hoch und er starrte noch immer. Katja erhöhte den Druck und bat flüsternd, er möge ein Stückchen zur Seite rücken, damit sie auch Platz habe.

Auf Gottliebs Gesicht zeichneten sich zwei feuerrote Dreiecke ab, die das Blau seiner Augen noch unterstrichen. So klar abgegrenzte rote Wangen hatte Katja bislang nur in der Werbung gesehen, für Bioprodukte zum Beispiel. Sie hatte sich stets gewundert, wie man Männer so übertrieben schminken konnte. Aber der hier war echt. Und darüber hinaus ziemlich schwer von Begriff.

Endlich wich sein Körper ihrem Druck. Er floh geradezu, sodass ihr mehr als genug Platz zuteil wurde. Gottlieb drängte den Mann an seiner Seite ab, dieser rückte weiter zum nächsten. Die Bewegung pflanzte sich bis zum letzten Mann fort, der an der Wand saß und gegen die plötzliche Enge protestierte. Daraufhin lief das Rucken und Rutschen in entgegengesetzter Richtung zurück. Bis zum Gottlieb. Der ließ sich nicht mehr bewegen. Er hielt einen Sicherheitsabstand zu dieser fremden Frau, die ihn so aus der Fassung gebracht hatte. Nie zuvor waren ihm während eines Gottesdienstes derartige Gedanken gekommen. Seine Wangen glühten noch immer und er bemühte sich, den Worten des Bischofs zu folgen. In Gedanken war er jedoch bei der Frau, deren Nähe seinem Körper deutlicher bewusst war, als ihm lieb sein konnte. Wer war sie? Was tat sie hier? Ihre feinen Gesichtszüge, die zarte, fast durchscheinend wirkende Haut, die leicht schräg stehenden Augen mit diesem eigenartigen Moosgrün, das glatte schwarze Haar – so eine Frau war nicht von hier. Auch nicht aus dieser Region. Die Mädchen von Scheiblegg und Umgebung hatten viel kräftigere Körper, mit stämmigen Waden und runden Gesichtern. Dagegen wirkte die Frau neben ihm wie eine Elfe. Wie alt mochte sie sein? So wie er? Gottlieb riskierte, während er zum Liederbuch griff, einen scheuen Blick. Er sah ihre Hände. Schmale Hände mit langen Fingern, auf denen kein Ring steckte. Kein Ring. Gottlieb riss seinen Blick los und musste seinen Sitznachbar fragen, welches Lied auf welcher Seite angestimmt wurde, ihm war die Nummer entfallen. Dann sang er mit einer Inbrunst, als würde er darüber vergessen können, was er soeben gedacht hatte.

Katja hörte erstaunt zu. Der Gesang erfüllte die kleine Kapelle, übertönte das einfache Spiel der Hammondorgel und war von einer Intensität, die Katja nie erwartet hätte. Man konnte beinah körperlich spüren, welche Dankbarkeit und Freude die Menschen über die Wiedererrichtung der Kapelle empfanden. Den reinsten Klang aber besaß der junge Mann neben ihr, dessen Stimme den Chor zu führen schien. Sie lauschte andächtig und ertappte sich bei der Vorstellung, den Kopf an seine Brust zu legen um das Vibrieren der Töne direkt zu spüren.

Sie nahm sich vor, ihn nachher um ein Interview zu bitten. Mit seiner Stimme und den roten Wangen würde er gut in die Reportage passen.

Es kam nicht dazu. Nach der Wandlung stahl sich die Reporterin leise aus der Kapelle und suchte den Fotograf.

»Du kommst gerade recht«, sagte er zu ihr und deutete auf die Silhouette des schlanken Türmchens der Kapelle im roten Licht der untergehenden Sonne. Er hatte die Kamera auf einem Stativ im Gelände hinter der Kapelle postiert. »Wie war's drinnen?«

»Schön. Und ein wenig linkslastig.«

»Linkslastig? Der Bischof und der Pfarrer sind doch eher –«

Katja lachte. »Nein, von der Masseverteilung her. Der Schwerpunkt lag eindeutig links und war weiblich.«

Der Fotograf verstand Katjas Aussage nicht, fragte aber nicht nach, weil sich genau in diesem Moment die Turmspitze in den roten Sonnenball bohrte. Er hantierte an der Kamera und rief plötzlich: »Sieh dir das an! Ausgerechnet jetzt!«

»Super kitschig. Genau recht fürs Titelblatt!«, bestätigte Katja.

»Nein! Siehst du nicht diesen Typ da«, ärgerte sich der Fotograf, »trampelt mir mit seinen gelben Gummistiefeln ins Bild!«

»Lass nur, ich regle das«, sagte Katja und eilte zur Kapelle hin.

»Zu spät«, seufzte der Fotograf, denn die Turmspitze hatte bereits einen dicken schwarzen Keil in die Sonne getrieben und sie in zwei kümmerliche Lichtbögen geteilt.

Die Reporterin trat zu dem Mann, der sich gerade bückte, um an der Kapellenwand den Übergang zwischen Fundamentsockel und den Holzschindeln zu untersuchen. »Entschuldigen Sie«, sagte sie und versuchte taktvoll, die nackte Haut zwischen Pullover und Hosenbund, die in einen dunklen Spalt mündete, zu ignorieren. »Sie sind uns im Bild.«

»Im Bild?«, fragte eine brummige Stimme. »Ein Bild versuche ich mir auch zu machen. Aber es will mir nicht gelingen.«

Der Mann schob beide Hände hinter die unterste Schindelreihe und betastete die Wand. Katja sah sich ungeduldig zum Fotograf um, aber der hatte sein Stativ schon zusammengepackt und kam ebenfalls zur Kapelle.

»Ah, der Herr Geologe«, sagte er, als er den Mann erkannte. »Ich habe Sie soeben auf einem Bild verewigt.«

»Mich?«

»Ja. Sie standen auf einmal an der Kapellenwand, als ich den Sonnenuntergang fotografierte.«

»Oje, hoffentlich erkennt mich niemand!«

»Keine Angst, Sie sind nur als dunkle Silhouette im Profil zu sehen. Aber die Gummistiefel leuchteten.«

»Das reicht. Mist. Kann man das retuschieren?«

»Können schon, wenn es sein muss. Aber warum denn?«

»Es muss sein. Kennst du den Prinz August von Hannover?«

Der Fotograf nickte, schüttelte dann aber den Kopf, weil er die Anspielung nicht verstand.

»Den hat die Presse abgelichtet, als er auf der Expo 2000 breitbeinig vor der Holzwand des türkischen Pavillons stand. Und weil man ihm nicht glaubte, dass er dort bloß seine Schuhspitzen betrachtete, war der Skandal perfekt. Wenn mich ein Foto nun an der Kapellenrückseite zeigt, alleine, während alle anderen die Messe feiern, was glaubst du, würde die Anna daraus schließen? Nein, das erspar' ich mir lieber.«

»Und was haben Sie da wirklich gemacht?«, fragte Katja skeptisch.

Der Geologe grinste und fuhr mit der Hand über die Schindeln. »Sind noch ganz nass, oder?«

Katja wartete ab.

»Bis fast unters Dach hinauf, da war großer Druck nötig!« Der Geologe weidete sich an Katjas misstrauischem Blick, sagte aber dann: »Spaß beiseite. Ich wollte wissen, wie die Wände am Fundament befestigt sind. Die Bodenplatte kann bei Bedarf waagrecht gerichtet werden, wenn sie etwa durch die Hangrutschung zu schräg geworden ist. Und dann müssen die Wände nachjustiert werden. Wie das funktioniert, das wollte ich mir eben ansehen.«

»Kann die Kapelle tatsächlich in 48 Stunden abgebaut werden?«, fragte Katja zweifelnd.

In der Kapelle erhob sich Gesang, schwoll zu einer beachtlichen Lautstärke an und einige Stimmen pressten sich zwischen den Schindeln ins Freie. Der Geologe trat erschrocken ein paar Schritte zurück.

»Das klingt nach Abschluss. Ich verschwinde lieber, denn ich will auf dem rutschigen Weg nicht von einer Menschenlawine überfahren werden. Beim Parkplatz oder im Enzian treffen ohnehin alle zusammen. Kommt ihr mit, oder müsst ihr das Schlamm-Spektakel noch filmen?«

Die Reporterin und der Fotograf tauschten fragende Blicke. Dann schlossen sie sich dem Geologen an.

»Fünfzig Stunden halte ich für wahrscheinlicher«, sagte der Geologe, der Katjas Frage nicht vergessen hatte. »Weil zwei Stunden brauchen sie zusätzlich, um den Dreck, den sie heute hineingeschleift haben, wieder wegzuputzen.«

Katja erwiderte nichts. Sie lächelte nur angestrengt und überlegte, ob dieser komische Geologe irgendwie zu einem Interview zu gebrauchen sei.

Am Parkplatz angelangt, sprach sie ihn auf die zahlreichen Tiefenbohrungen an, die sie im Gelände gesehen hatte und dass ihr erster Gedanke der Suche nach Öl gegolten habe.

Der Geologe kratzte sich am Bart, als denke er ernsthaft über ihre Bemerkung nach. Dann sagte er, dass für die Entstehung von Öl zwar genügend fossiles Material im Gfäller Boden vorkomme, aber der Druck wohl zu gering gewesen sei. Er blickte in Katjas verständnisloses Gesicht, schmunzelte und erklärte: »Ohne Schmäh. Als sich bei der Hangrutschung tiefe Spalten auftaten, kamen darin uralte Baumstämme zum Vorschein. Die C14-Datierung ergab, dass das Holz zum Teil tausende von Jahren alt war. Manche Bäume waren aber auch jünger, einige bloß Jahrhunderte. Damit war bewiesen, dass sich der Gfäller Hang im Laufe der Zeit immer wieder umgewälzt hat. Die Katastrophe vor acht Jahren war somit nur in einem Punkt einzigartig: Künftige Geologen werden beim nächsten Schub in den Spalten Kochtöpfe und Klobrillen anstelle alter Baumstämme finden.« Bei dieser Vorstellung lachte er laut.

»Oder gelbe Gummistiefel«, sagte der Bürgermeister, der kurz nach ihnen am Parkplatz eingetroffen war und den letzten Satz mit angehört hatte.

Katja ergriff die Gelegenheit stellte sich dem Bürgermeister vor. Beim Geologen hatte sie dies versäumt.

Sie sei neu bei Ländle News, sagte sie, und zuständig für eine ausführliche Reportage über die jetzige Situation hier im Tal. In deren Fokus stünden die Menschen und ihre Kraft, eine derartige Katastrophe zu überwinden und neu zu beginnen. Die Einweihung der Kapelle bilde den krönenden Abschluss.

»Abschluss?«, fragte der Geologe. »Da bist du wohl einige Jahre, wenn nicht Jahrzehnte zu früh dran!«

Katja sah hilfesuchend zum Bürgermeister. Aber der zuckte bloß mit den Schultern. Schließlich sagte sie trotzig: »Aber der Hang ist doch zur Ruhe gekommen!«

»Das ist aber auch das Einzige.«

Mit diesem kryptischen Satz ließen der Bürgermeister und der Geologe die beiden Presseleute stehen und stiegen die Stufen zur Terrasse des Gasthofs Enzian hinauf. Hofrat Machinski war dort soeben eingetroffen und versuchte, die Dreckbatzen von seinen Schuhen abzuklopfen. Während es der Bürgermeister ihm gleichtat, nahm der Geologe den Gartenschlauch von der Hauswand und spritzte sich die Stiefel sauber. Sein fröhliches Pfeifen war ebenso provokant wie das leuchtende Gelb der blitzblanken Stiefel, mit denen er vor dem Eingang zur Gaststube wartete.

«Kommt nur herein«, sagte Josef, der Wirt vom Enzian. »Die Anna zieht sich rasch um. Ein wenig Geduld noch, aber nehmt derweil Platz. Kommen der Landesrat und der Bischof auch, wollt ihr den großen Stammtisch?«

Der Bürgermeister schaute zum Parkplatz hinab und sah, wie Bischof, Pfarrer und Landesrat davonfuhren. Dafür waren die zwei von Ländle News, der Bauunternehmer Hauser und andere im Anmarsch.

»Der kleine Tisch da ist für uns drei gerade recht«, sagte der Bürgermeister und setzte sich in den schmalen Winkel hinter dem Kachelofen. Machinski und der Geologe folgten ihm und nahmen ebenfalls Platz. Unangenehmes Schweigen umfing die drei Männer. Der Bürgermeister räusperte sich, der Geologe wühlte in seinem Bart und endlich war es Machinski, der einen Anfang machte: »Eine schöne Messe, nicht wahr?«

»Ja, schön, aber lang. Es war doch ziemlich eng«, sagte der Bürgermeister.

Beide blickten zum Geologen und warteten auf dessen Kommentar. Dieser brummelte etwas in den Bart, den er mit langgestreckten Fingern durchpflügte.

»Wie bitte?«, hakte der Sektionschef nach.

»Ich war nicht drinnen«, bekannte der Geologe. Dann hellte sich seine Miene plötzlich auf und er fügte hinzu: »Mit diesen gelben Gummidingern wollte ich die neue Kapelle nicht beschmutzen.«

»Schmutz!«

Anna, die in frischen Strümpfen und Schuhen aufgetaucht war, hatte das Stichwort aufgefangen und begann über den Dreck zu lamentieren, den die Leute in ihre Gaststube trugen. »Da hätte ich mich nicht umziehen müssen, wenn ich mir im eigenen Haus wieder dreckige Füße hole!«, schimpfte sie und zeigte auf die Schuhabdrücke und Knatteln auf dem Boden.

Der Geologe schob seine sauberen Stiefel unterm Tisch

hervor. »Diesmal verdammst du den Falschen, Anna.«

Die Wirtin funkelte ihn trotzdem böse an und fragte dann demonstrativ über seinen Kopf hinweg den Sektionschef, was sie zum Trinken bringen dürfe.

Sie bestellten je einen Espresso. Machinski wollte nicht lange bleiben.

»Wie gehen wir mit dem Gefahrenzonenplan, mit diesem Vorschlag, nun weiter vor?«, fragte der Bürgermeister, als Anna weg war. Mit der derzeitigen Zoneneinteilung könne er den Plan nicht einmal dem Gemeinderat zeigen. Dann gäbe es einen Aufstand.

Der Geologe schlug eine genaue Untersuchung der tatsächlichen Bewegungsraten in den Gebieten vor, wo vor allem Bauflächen von der intensiv braunen Kennzeichnung betroffen waren.

»Daran habe ich auch schon gedacht«, sagte Machinski. Vielleicht könne er zusätzliche Geldmittel für weitere Bohrungen des Geologen Jonavic flüssig machen.

»Bohrungen sind nicht aussagekräftig«, wandte der Geologe der Landesverwaltung ein. »Die liefern bloß punktuelle Aussagen.«

»Welche Methode stellen Sie sich denn vor?«, fragte der Sektionschef erstaunt.

»Wir brauchen etwas Flächenhaftes«, antwortete der Geologe. Er habe eine Idee, müsse aber erst mit den Vermessern reden, ob sie umsetzbar sei.

»Und bis wann können Sie uns mit konkreten Angaben aufwarten?«, hakte der Sektionschef nach, der sich von der vagen Aussage provoziert fühlte.

»Wenn es klappt, wie ich mir es vorstelle, dann liegen meine Ergebnisse auf dem Tisch, bevor der Jonavic mit Bohren überhaupt angefangen hat.«

»Na, na – nur nicht übertreiben. Ich werde den Bauleiter Engelbert gleich damit beauftragen, den Jonavic bei den Bohrungen zu unterstützen, wo immer es geht. Danke, meine Herren. Es hat mich sehr gefreut.«

Damit erhob sich der Sektionschef, bezahlte die drei Espressi und ging.

Auch der Bürgermeister und der Geologe schickten sich an, das Gasthaus zu verlassen, aber die Reporterin fing die beiden auf der Terrasse ab.

»Herr Geologe, ich wollte Sie noch zu diesen Bohrungen befragen«, begann sie in geduldigem Tonfall, der ein langes Interview befürchten ließ.

»Da ist ein anderer Geologe zuständig«, wimmelte er ab.

Katja kam völlig aus dem Konzept. »Wie, ein anderer? Wie viele gibt es denn fürs Gfäll?«

»Zwei. Und das ist einer zuviel«, sagte der Geologe wütend und schob sich an ihr vorbei. Dem Bürgermeister tat die hübsche junge Reporterin leid und er erklärte kurz den Sachverhalt, obwohl der Geologe bereits beim Auto unten wartete und ungeduldig winkte. »Die Landesverwaltung beschäftigt mehrere Geologen für Vorarlberg. Einer davon ist der Ernst, den Sie eben erlebt haben. Er ist fürs Gfäll zuständig. Und die Katastrophen- und Zivilschutzbehörde hat ebenfalls Geologen für ihren Wirkungsbereich. Fürs Gfäll teilten sie einen ganz jungen Geologen ein. Er heißt Jonavic und kommt aus dem Burgenland. Und noch etwas: Dass sich Geologen untereinander nicht mögen ist normal. Ernst brachte die Konkurrenzsituation einmal etwas überspitzt auf den Punkt: Zwei Geologen – vier Meinungen. Leider steckt viel Wahres in diesem Spruch. Auf Wiedersehen – und äh – bitte drucken Sie dieses Zitat nicht ab!«

Katja kehrte in die Gaststube zurück. Irgendwie lief die Arbeit für die Reportage nicht so, wie sie es sich vorgestellt hatte. Sie setzte sich wieder an den Tisch und seufzte.

»War wohl ein kurzes Interview?«, fragte der Fotograf einfühlsam.

»Der Geologe ist ein komischer Kauz«, stellte Katja fest.

»Wer, der Ernst?«, mischte sich der Bauunternehmer Hauser ein. »Der ist schwer in Ordnung! Was der sagt, hat Hand und Fuß. Manche glauben zwar, er mache bloß Witze, dabei ist es ihm immer ernst. Auf seine Aussagen kannst du dich verlassen. Er beschönigt nichts oder redet lang um den heißen Brei herum. Wie hat er damals dem Kaspar Bahl geantwortet? Als sich erst ein paar Risse im Hang zeigten? Bau deine Küche wieder aus, wenn du sie retten willst, hat er gesagt. Zynisch, haben viele gemeint. Kaltherzig. Aber der Kaspar hat ihm vertraut und die Küche in Sicherheit gebracht. Heuer konnte er sie wieder einbauen, nachdem das Wohnhaus in Stand gesetzt worden war. Hätte er nicht auf den Ernst gehört, wäre alles verloren gewesen. Der Landesgeologe ist schwer in Ordnung.«

»Mit dem Teufel steht er im Bunde«, widersprach Anna und in ihren Augen funkelte ein seltsames Irrlicht. Die Wirtin war an den Tisch getreten, um die leeren Gläser abzuräumen. »Was hat er nicht alles probiert, um die neue Kapelle zu verhindern? Aber nun ist es doch geschehen. Gott hat sich durchgesetzt. Hast du gesehen? Er hat sich heute nicht einmal in die Kapelle hineingetraut. Der Teufel scheut nämlich das Weihwasser. Und einen Bischof erst recht!«

»Mensch Anna, hör' doch auf. Dir hat er den Gasthof gerettet, hast du das vergessen?«, verteidigte Hauser den Geologen. »Ein anderer hätte nie sechs oder sieben Wochen lang baggern lassen«.

Anna schepperte trotzig mit Gläsern, als wollte sie dieses Argument übertönen. «Aber ein komischer Kerl ist er. Wie der immer in der Gegend herumstreicht. Einmal, da war's ganz neblig, da ist er plötzlich hinterm Haus aufgetaucht, als wäre er direkt aus dem Boden gewachsen. Wie der Leibhaftige! Mit einem langen Stecken in der einen und mit einem Hammer in der anderen Hand. Also mir ist er nicht geheuer.«

»Jetzt mach' dich nicht lächerlich, Anna«, mahnte der Hauser und meinte es gut mit ihr. »Sonst stehst du morgen auf der Titelseite.«

»Auf welcher Titelseite?«

»Na, die zwei netten junge Leute hier«, damit deutete Hauser auf Katja und den Fotograf. »Die sind von den Ländle News und machen eine Reportage über das Gfäll. Über die Zeit nach der Katastrophe bis zur Einweihung der Kapelle heute.«

Anna stellte das Tablett mit den leeren Gläsern auf den Tisch zurück und strich mit beiden Händen rasch ihre Bluse und den Rock glatt.

»Mei, von der Presse«, sagte sie mit einem Lächeln, das sie sonst nur für neue Gäste bereithielt. »Ja, an den Herrn erinner' ich mich, der hat heute bei der Kapelle oben ein Foto g'macht. Mei bittschön, können'S net die dreckigen Schuhe und Strümpfe aus dem Bild wegmachen. Wie schau ich denn sonst aus?«

Der Fotograf schmunzelte und nickte. »Das machen wir schon. Ich habe heute einiges zu retuschieren.«

»Wollen Sie noch etwas trinken?«, fragte Anna erleichtert und fügte hinzu, dass sie für die Herren eine Runde Schnaps auf Kosten des Hauses ausgeben würde. Und für die Dame einen Marillenlikör.

Katja wehrte ab und sagte, dass sie eigentlich aufbrechen sollten. Schließlich müssten sie noch den Kurzbericht über die Kapelleneinweihung in die Redaktion bringen.

»Kurzbericht? Hat nicht der Alois gerade gesagt, Sie machen eine ausführliche Reportage?«, fragte Anna enttäuscht.

»Stimmt beides«, antwortete Katja. Der Kurzbericht sei für die Nachrichten, die Reportage käme dann später einmal als Extrabeilage zur Heimatzeitung.

»Da muss ich Ihnen aber schnell noch etwas zeigen!«, rief Anna plötzlich aufgeregt. »Fünf Minuten Zeit haben Sie sicher noch? Kommen Sie mit!«

Katja warf einen entschuldigenden Blick zum Fotograf und folgte der Wirtin, die ihrem Mann beim Ausschank schnell Anweisung gab, den beiden Herren die Schnapsflasche auf den Tisch zu stellen.

»Ich zeige der Dame von der Presse nämlich unsere Gästezimmer«, sagte sie und schob Katja in einen Gang.

Es dauerte fast eine dreiviertel Stunde, bis die Reporterin alle dreizehn Betten gesehen hatte. Nicht, weil die Zimmer so weit voneinander entfernt lagen, sondern weil die Wirtin ihr ausführlich schilderte, wie das Gebäude vor der Rutschung, während der Rutschung und nach der Rutschung ausgesehen hatte. Als Anna schließlich die Türen zu einem großen Schrank öffnete und sich anschickte, den hohen Stapel Fotoalben herauszunehmen, wehrte Katja vehement ab. Sie müssen nun wirklich gehen, sonst käme nicht einmal mehr die Schlagzeile für die Nachrichten zustande.

Enttäuscht drückte Anna ihr zum Abschied einen Prospekt in die Hand und sagte dann, wie einer plötzlichen Eingebung folgend: »Kommen Sie doch wieder. Sie können eine Woche hier verbringen. Zum halben Preis – ich lade Sie ein!«

Katja wusste nicht, wie ihr geschah und sagte unüberlegt, dass sie gern auf das Angebot zurückkommen werde, denn schließlich müsse sie für die Reportage noch einiges recherchieren.

»Dann können wir uns die Fotoalben gemeinsam ansehen«, freute sich die Wirtin und brachte Katja in die Gaststube zurück.

In der Schnapsflasche war nur ein kleiner Rest übrig und Katja schaute den Fotograf prüfend an. Du, fragte ihr Blick. Der Fotograf zwinkerte ihr amüsiert zu und deutete auf Alois Hauser, dessen Augen wässrig glänzten.

Als sie im Auto saßen, sagte der Fotograf zu Katja: »Den Bauunternehmer Hauser, den musst du dir merken. Der ist sozusagen *das Mädchen für alles*. Er hilft, wo er kann, hat überall die Finger drin und bekommt auf die Art alles mit, was im Dorf läuft. Man könnte ihn auch als die Seele oder als das Herz des Dorfes bezeichnen. Und wenn ein Herz voll ist, geht es über. Ein paar Gläschen Schnaps und schon erzählt er dir alle Geschichten, die du sonst nie erfahren würdest. Der Hauser könnte für deine Reportage recht hilfreich sein.«

Katja antwortete nicht. Sie hatte einen Folder aufgeklappt und studierte ihn mit sichtlichem Interesse.

»Was hast du denn da?«, fragte der Fotograf unwirsch.

»Hör dir das einmal an«, sagte Katja und las aus dem Prospekt vor. »Ruhig und sonnig auf tausend Metern Seehöhe finden Sie unseren Familienbetrieb, eingebettet in eine eindrucksvolle Bergwelt und unberührte Natur, die zum Erholen und Genießen einlädt.«

»Ja, und?«

»*Unberührte* Natur!«, rief Katja lachend. »Aber es geht noch weiter, hör nur: *Lage am Ortsrand, mitten im Grünen.* Das ist der größte Witz!«

»Ich versteh' nicht, was daran so lustig ist.«

»Der Enzian! Das ist der Prospekt, den mir die Anna mitgegeben hat!«, kreischte Katja vor Vergnügen. Dann deutete sie aus dem Fenster auf die verwüstete Landschaft. »Unberührte Natur!«, rief sie wie eine Vertreterin, die ihre Ware anpreist. »Und seht, dieses satte Grün ringsum!«

»Steht das echt so drin?«, vergewisserte sich der Fotograf.

»Ja«, gluckste Katja.

Sie blätterte um, las weiter und wurde plötzlich ernst. Was hätte in einem Werbeprospekt denn anderes stehen sollen? Zerstörtes Idyll? Künstlich gebaggerte und planierte Landschaft? Weit und breit kein bewohntes Haus in Sicht? Dafür Bohrtürme und Schlammrutschen? Katja schämte sich für ihr Lachen und entschuldigte sich gedanklich bei der Wirtin.

»Ich werde mich mal für eine Woche im Enzian einquartieren«, teilte Katja dem Fotograf mit.

Der war von ihrem Stimmungswandel so überrascht, dass er es vorzog zu schweigen.

»Ich muss für die Reportage mehr mit den Einheimischen, mit den Betroffenen in Kontakt kommen. Außerdem faszinieren mich diese rutschenden Berge. Das glaubt mir zuhause kein Mensch.«

»Vom Chef kriegst du nie eine Woche Zeit für die Reportage«, wandte der Fotograf ein.

»Das weiß ich schon. Ich komme in der Freizeit. Vielleicht wird aus der Reportage ja auch ein Buch«, sinnierte Katja und hörte in Gedanken den Chor der Messe und die klare Stimme des Mannes neben ihr. Wie von der Tarantel gestochen fuhr sie zusammen.

Der Fotograf erschrak und bremste.

»Was ist los?«

»Da war ein junger Mann in der Kirche«, sagte Katja erregt. »Der hatte eine wunderbare Stimme. Er war groß, schlank, etwa in meinem Alter. Auffällig waren seine großen, blauen Augen und die roten Wangen. So rote Dreiecke, wie aufgemalt. Kennst du den?«

»So sehen doch alle Bauern hier aus. Rote Wangen sind ihr Markenzeichen.«

»Aber doch nicht solche Dreiecke! Und diese blauen Augen!«

Der Fotograf musterte Katja skeptisch, dann sagte er: »Ich schaue den Männern nicht so tief in die Augen.« Dabei betonte er das *Ich* wie einen Vorwurf.

»Kein Grund zur Eifersucht«, lachte Katja. »Ich wollte ihn bloß interviewen, weil er mir einerseits so typisch für die Gegend hier schien, aber andererseits so irritierend fremd wirkte.«

»Weil er nach Stall roch und trotzdem singen konnte?«

»Du bist gemein.«

Für den Rest der Fahrt herrschte Schweigen.

*

Auch im Gfäll und in Scheiblegg kehrte Ruhe ein. Die Kapelleneinweihung erschien in der Zeitung bloß als Randnotiz. Am Titelblatt prangte stattdessen eine neue »Katastrophe«. Der Gschliefgraben in Halden hatte sich in Bewegung gesetzt und die Sensationsgier der Öffentlichkeit weidete sich an dem Abgrund, der einen Bauernhof samt Dorf zu verschlingen drohte. In Wahrheit war zwar bloß eine seit hundert Jahren bekannte Hangrutschung dem nächsten Wohngebäude ein paar Meter näher gekommen, aber wen interessierte schon die Wahrheit? Dass die Kante, die sich da Richtung Dorf in die grüne Wiese fraß, wahrscheinlich noch hundert Jahre benötigen würde, ehe sie tatsächlich am Fundament des Bauernhofs nagte, ging in der Berichterstattung völlig unter. Die Katastrophen- und Zivilschutzbehörde und ein Großaufgebot an Geologen waren durch den medialen Druck gezwungen, irgendwelche Maßnahmen zu setzen, Untersuchungen anzustellen und Sanierungskonzepte vorzulegen. Der Gefahrenzonenplan für Scheiblegg und seine Überarbeitung gerieten darüber in Vergessenheit.

Dem Bürgermeister von Scheiblegg kam dies nicht ungelegen. Er sperrte den Vorschlag mit den braunen Bauverbotszonen in den Aktenschrank und hoffte, dass er weiterhin mit dem alten Flächenwidmungsplan durchkäme.

*

Der Sommer ging vorüber, ohne dass man viel von ihm bemerkt hätte. Der Juli war verregnet und der August tat es ihm gleich. Als die Enzianwirtin einen vermissten deutschen Gast aus Ravensburg meldete, glaubte man zuerst an eine überstürzte, frustrierte Abreise aufgrund des wochenlangen schlechten Wetters. Aber weil das Gepäck noch da war, startete die Bergrettung eine Suchaktion. Man befürchtete einen Unfall, da der Gast trotz des Regens zu einer Wanderung in die Berge aufgebrochen war.

Nach fünf Tagen erfolgloser Suche reiste der Vater des Vermissten an. Er glaubte fest an das Überleben seines Sohnes und mobilisierte auch die Dorfbewohner, um bei der Suche zu helfen. Schließlich fand er ihn, verletzt und unterkühlt, aber lebend. Der Mann hatte sechs Tage und Nächte bei nasskaltem Wetter unter einem Baumstamm gelegen. Er war auf dem glitschigen Boden ausgerutscht, zu Sturz gekommen und einen steilen Hang hinuntergesaust, bis ihn ein umgefallener Baumstamm bremste und einklemmte.

Das Wunder vom Gfäll titelte Ländle News und der Bürgermeister freute sich ob der positiven Schlagzeile, die den zweiten Vorfall mit keinem Wort erwähnte.

Denn bei der Suchaktion hatte Kaspar Bahl bemerkt, dass

der Container des Jonavic offen stand. Das Schloss fehlte. Die Computer und Messgeräte auch. Nur ein paar verstaubte, halbleere Getränkekisten befanden sich im Container; ein Einbruch wurde vermutet. Der Bürgermeister verschwieg den Umstand so lange, bis die Presse wieder weg war. Dann erst schaltete er die Polizei ein und meldete den Vorfall dem Hofrat Machinski.

Eine Woche später reiste der Jonavic aus dem Burgenland an. Der Bürgermeister sah ihn zufällig mit seinem kanariengelben Auto ins Gfäll fahren und machte sich auf eine unangenehme Begegnung gefasst. Aber nichts geschah. Die Polizei informierte ihn am nächsten Tag darüber, dass die Anzeige gegen Unbekannt eingestellt worden sei. Der Geologe Jonavic habe keinen Schaden zu beklagen.

*

Jonavic nützte seinen Besuch und ging mit Engelbert, dem Bauleiter der Katastrophen- und Zivilschutzbehörde, die Standorte für die neuen Bohrungen durch. Um weitere Argumente für die von ihm vorgeschlagene Bauverbotszone zu erhalten, wollte Jonavic speziell in diesen Gebieten Bodenuntersuchungen durchführen lassen. Engelbert vermerkte mit einem roten Stift die Lage der geplanten Bohrungen in einer Karte, denn er musste von den Grundbesitzern eine Zustimmung einholen, ehe die Erdarbeiten beginnen konnten.

Der Plan mit dem Ortskern von Scheiblegg samt Feuerwehrgelände sah bald aus, als hätte er die Masern und Jonavic fand noch immer kein Ende in seinem Streben. Nun kamen die beiden Männer ins Rohrmoos und Engelberts Widerstand wuchs mit jedem neuen roten Punkt. Dann streikte der Filzstift.

»Eine Bohrung noch«, forderte Jonavic und steuerte auf Idas Haus zu.

»Diese Siedlung hier steht schon seit über einem Jahrzehnt. Die Häuser haben nicht einmal Haarrisse!«, protestierte Engelbert. »Das Gelände ist ruhig.«

»In Scheiblegg ist nichts wirklich ruhig«, sagte Jonavic überzeugt. »Das werden die Bohrungen beweisen.«

Der Geologe sah sich um. Die Siedlung, von der Engelbert gesprochen hatte, befand sich hinter dem Betriebsgelände von Alois Hauser. Zwischen den Parkplätzen, die mit Lastwagen und Baumaschinen verstellt waren, führte eine Straße leicht bergan und gabelte sich vor Idas Gartenmauer, um zwei weitere Gebäude links und rechts zu erreichen. Für Jonavic war der Standort der neuen Bohrung klar: Die Störzone verlief seiner Meinung nach mitten durch Idas Garten. Diesen Übergang zwischen dem stabilen, felsigen Untergrund und dem sogenannten Rutschkuchen, der beweglichen Masse, wollte er nachweisen.

»Hier«, sagte er und zeigte auf eine kleine Vertiefung im Rasen, die eine Blumenrabatte bekränzte.

Ida, die die beiden Männer vom Fenster aus beobachtet hatte, kam in den Garten und fragte, ob sie etwas suchten und ob sie vielleicht helfen könne. Der Geologe beachtete die Frau nicht, sondern beschäftigte sich mit einer geologischen Karte, in die er etwas kritzelte. Engelbert sollte das mit der Einwilligung zur Bohrung klären. Er hatte einen besseren Draht zu den Einheimischen, zudem sprach er denselben Dialekt, der für burgenländische Ohren unverständlich war.

Aber die Stimmen wurden lauter und schließlich sagte Engelbert, eine Bohrung am gewünschten Ort ginge nicht, da liege der Hund begraben.

Jonavic betrachtete die Frau, die angriffslustig ihre Fäuste in die Hüften stemmte, und auf ihn einsprach. Ihr Gesicht war vor Erregung rot und sie schimpfte und klagte in einem, wobei Jonavic nur die Worte *Rex* und *über meine Leiche* verstand.

Es wäre vielleicht besser, sagte Jonavic zu Engelbert, auf den Mann dieser Frau zu warten. Mit einer abfälligen Handbewegung deutete er auf Ida und fügte leise hinzu, *da* liege wohl der Hund begraben.

»Du verstehst nicht. Dort liegt wirklich ein Hund begraben.«
»Ich verstehe sehr wohl!«
»Eben nicht!«, platzte Engelbert der Kragen. »Idas Hund

wurde da *b e e r d i g t*. Du würdest seine Knochenreste durchbohren. Störung der Totenruhe. Kapiert?«

»Aber das ist doch gar nicht erlaubt! Wozu gibt es die Tierkadaververwertung? Dort gehören verreckte Köter hin.«

Ida hob den Gartenschlauch auf und richtete ihn drohend auf Jonavic: »Verschwinde, aber schnell. So spricht man nicht über meinen Rex.«

Diese hochdeutsch formulierten Worte verstand auch Jonavic und er trat eilig den Rückzug an.

Thema erledigt, freute sich Engelbert und zwinkerte der Ida heimlich zu, bevor er dem Jonavic folgte. In der Straßengabelung blieb der Geologe jedoch stehen.

»Dann eben hier«, sagte er zu Engelbert und deutete auf den Flecken Wiese zwischen Asphalt und Gartenmauer. »Das ist Straßengrund und die Gemeinde hat generell für alle Bohrungen zugestimmt.«

Engelbert versuchte dem Filzstift durch Anhauchen einen letzten roten Punkt zu entlocken, aber er bohrte bloß ein Loch in die Karte. Egal. Der Standort war markiert.

*

Pünktlich mit dem Ende der Sommerferien kehrte die Sonne zurück. Und schien wochenlang von einem wolkenlosen Himmel, als müsste sie den verpatzten Juli und August wieder gutmachen.

Katja saß auf der Terrasse der Pension Enzian und schlürfte einen Eiskaffee. Ihren Willkommenstrunk, so hatte Anna gesagt, als sie das hohe Glas servierte. Den Block zum Ausfüllen der Gästekarte legte sie samt Kugelschreiber daneben. Das Datum habe sie schon eingetragen.

Das Datum. Katja ärgerte sich, als sie den Block zur Hand nahm. Denn nicht nur das Ankunftsdatum war bereits vorgeschrieben, sondern auch der Tag der Abreise eine Woche später. Wollte sie tatsächlich so lange hier bleiben? Sie blickte auf die spärlich bewachsene Landschaft ringsum. Nicht einmal der feuchte Sommer hatte diesem geschundenen Boden eine grüne Decke geschenkt. Auf Narben gedeiht eben nicht viel, dachte sich Katja und sog am Strohhalm, bis ein lautes Schlürfen erklang.

Die Wirtin eilte herbei.

Katja legte die Hand auf den Block. »Ich weiß noch nicht, wie lange ich bleiben werde«, gestand sie. »Ich fülle es später aus. Das geht doch, oder?«

Auf Annas Gesicht zeigte sich Enttäuschung und sie sagte im Ton einer Anklage: »Aber Sie müssen für die Reportage schon genügend Zeit investieren. Damit auch etwas Gescheites dabei herauskommt.«

»Dazu reichen ein paar Tage«, entgegnete Katja schroff und ärgerte sich, dass sie in diese Falle getappt war. Nur um ein bisschen Geld zu sparen, hatte sie die Einladung der Enzianwirtin angenommen. Ohne daran zu denken, welche Erwartungen sie als Gegenleistung zu erfüllen hatte. Und nicht konnte. Denn die Reportage übers Gfäll war gestorben. Aber davon wusste die Wirtin noch nichts.

Während der Sommermonate, als hauptsächlich über die neue Rutschung in Halden berichtet worden war, hatte Katja mit dem Recherchieren übers Gfäll begonnen, sich in das alte Bildmaterial vertieft, die Archive durchforstet. Hatte mit Entsetzen feststellen müssen, dass es sich beim Kalbtaler, der als einziger von der Katastrophe verschont geblieben war, um den aktivsten Neonazi in Vorarlberg handelte. Der sich trotz Haftstrafen nicht davon abbringen ließ, seine Hetzschriften zu verbreiten.

Bei diesem Thema stieß sie das erste Mal auf Widerstand in der Redaktion. Eine politische Gesinnung, so hieß es, müsse man nicht in einer Reportage über eine Hangrutschung breit treten. Als Katja versuchte, die Kosten, angefangen von den Baggerarbeiten zur Rettung des Enzian bis hin zum Spaltenschluss, zu erheben, bekam sie den nächsten Rüffel. Derart hohe Summen würden die Leser nur verwirren und eine Neiddebatte auslösen. Schließlich handle es sich dabei um Steuergelder. Also widmete sich Katja dem letzten und aktuellsten Aspekt der Rutschung: Den verrutschten Grenzen und den Bauverbotszonen und leitete damit das frühzeitige Ende der Reportage ein. Die Landesverwaltung verweigerte jede Auskunft, ja mahnte sogar, sich nicht in interne Angelegenheiten einzumischen. Das erzeuge nur böses Blut und blutende Nasen habe man im Gfäll schon genug gehabt.

Auch von der Gemeinde kam eine deutliche Absage. Unsichere Grenzen und Bauverbotszonen seien kein Thema für die Presse. Diese Art der Negativwerbung könne den jüngst aufkeimenden Tourismus wieder abwürgen. Daraufhin rief der Landesrat bei Ländle News an und die Reportage war gestorben. »Ermordet«, wagte Katja zu sagen und hätte damit beinah ihre Kündigung riskiert. Sie wurde in die Anzeigenabteilung versetzt und war seitdem zuständig für die Inserate von Privatpersonen, die entweder Katzen zu verschenken hatten oder billige Laptops suchten.

Ins Gfäll war sie trotzdem zurückgekehrt. Etwas hatte sie damals, bei der Kapelleneinweihung berührt und nicht wieder losgelassen. War es die Faszination über die Urgewalt der geologischen Kräfte gewesen? Oder die Stimme des jungen Mannes mit den blauen Augen?

Katja wusste es nicht. Sie spürte bloß eine vage Sehnsucht nach diesem Ort, die ihr jetzt – angesichts der öden Landschaft – völlig unsinnig erschien.

Sie stand rasch auf und holte ihr Gepäck aus dem Wagen. Anna führte sie in den obersten Stock, in das angeblich schönste Zimmer. Mit Blick auf die Kapelle. Um Mitternacht könne man über dem Turm manchmal Lichter schweben sehen, flüsterte ihr die Wirtin zu, als ob sie ein dunkles Geheimnis offenbarte. Tanzende Flammen, so würden die einen sagen. Sie selbst habe Kreise wahrgenommen, leuchtende Kreise, die um die Turmspitze rotierten.

Katja nickte, als glaubte sie der Wirtin.

»Sie müssen sich den Wecker stellen. Zwischen Mitternacht und ein Uhr«, riet Anna und blieb im Zimmer stehen, als wollte sie sich davon überzeugen, dass Katja tatsächlich ihrem Rat nachkäme.

»Ich schlafe lieber in der Nacht«, antwortete Katja gereizt, »und jetzt würde ich mich gerne frisch machen.«

»Dann lasse ich Sie alleine. Wenn Sie fertig sind, können wir uns die Fotoalben ansehen. Ich richte schon einmal alles her.«

Katja seufzte und schloss die Tür hinter der Wirtin. Da hatte sie sich etwas eingebrockt.

Die Fotoalben lagen bereit. Es gab kein Entrinnen. Katja setzte sich an den Tisch beim Kachelofen, die Wirtin blätterte um und sparte nicht mit Kommentaren. Neben den Bildern, die Ansichten des Enzian vor der Rutschung zeigten, klebte ein alter Prospekt. Zimmer mit insgesamt sieben Betten wurden angepriesen.

»Jetzt haben Sie dreizehn«, stellte Katja erstaunt fest, »das sind fast doppelt so viele. Ich dachte, es hätte strikte Auflagen gegeben, die jede Erweiterung ausschlossen.«

»Ja, das war die Vorgabe dieses Geologen, der auch meine Kapelle verhindern wollte. Aber ich habe ihn ausgetrickst«, sagte die Wirtin stolz.

»Ausgetrickst? Sie den Geologen?«

»Ja, ich. Diesen Satanskerl.« Annas Wangen glühten. »Der Herrgott hat mir vielleicht beigestanden, aber die Idee kam von mir.« Mit gesenkter Stimme berichtete sie: »Wie Sie sagten, es durften nicht mehr Zimmer wie vorher sein. Aber um die Bettenanzahl kümmerte sich niemand. Also hab' ich in jede Besenkammer eine Matratze getan, mir Bettzeug ausgeliehen und dann angegeben, dass ich schon immer sieben Zimmer hatte. Alte, kleine, nur dürftig ausgebaute Zimmer zwar, aber das ganze Haus sah nach der Katastrophe alt und dürftig aus. Ich glaube, der Bürgermeister ahnte die Wahrheit, aber er stand auf meiner Seite und schließlich gab der Geologe grünes Licht. Bei der Renovierung wurden alle sieben Zimmer komplett ausgebaut. Mit insgesamt dreizehn Betten! Und nicht einmal die Versicherung hat etwas bemerkt!« Die Wirtin rieb sich genüsslich die Hände und zwinkerte Katja verschwörerisch zu.

»Ich glaube nicht, dass der Herrgott das Lügen unterstützt«, sagte Katja und nutzte den Augenblick, die sprachlos gewordene Wirtin zu verlassen. »Ich mache einen Spaziergang.«

Blödes Weib, dachte sich Anna und blickte Katja nach. Das war keine Lüge, sondern nur ein Wiederherstellen der Gerechtigkeit. Schließlich war der Nazi komplett verschont worden. Und mit dem konnte es der Herrgott nicht besser meinen als mit ihr, die ihm eine neue Kapelle versprochen hatte.

Katja stieg querfeldein über die Hügel in Richtung Feuerkogel. Aber die Sonne brannte so erbarmungslos vom wolkenlosen Himmel, dass Katja bei der Meinhofquelle anhielt und sich mit frischem Wasser abkühlte. Ringsum blühten Disteln, umgaukelt von erstaunlich vielen Schmetterlingen. Die bunten Falter kamen zur Quelle her und ließen sich im feuchten Erdreich nieder. Manche landeten auch auf Katjas bloßen Schenkeln und Unterarmen, um das Salz von ihrer Haut zu lecken. Fasziniert betrachtete Katja den langen Rüssel, den die Schmetterlinge aufrollen konnten wie einen Feuerwehrschlauch, und dessen Spitze sie in die winzigen Schweißperlen bohrten.

Als Katja die Schmetterlinge auch auf einer frischen Kuhflade entdeckte, die unweit der Quelle dampfte, verscheuchte sie angewidert die Insekten und wusch sich erneut im Quellwasser. Ein seltsamer Ruf übertönte das Plätschern. Es klang, als wollte ein Mensch das Muhen einer Kuh nachahmen, seine Stimme jedoch wegen der Lautstärke in ein hohes Muuüüiii kippte.

Katja drehte sich verwundert um. Sie sah weder ein Tier noch einen Menschen, aber sie spürte wie der Boden unter schweren Schritten erzitterte. Dann tauchten über den hohen Disteln zwei geschwungene, spitze Hörner auf. Eine Kuh von stattlicher Größe stapfte auf den Brunnentrog zu. Katja machte bereitwillig Platz und ging langsam davon, als hätte sie keine Angst vor dem großen Tier. In Wirklichkeit klopfte ihr das Herz bis zum Hals, aber sie hatte gehört, dass eine hastige Flucht eine Kuh ebenso reizen könne wie einen Hund. Sie vernahm das schlürfende Saugen des Kuhmauls im Wasser, glaubte sich unbeobachtet und beschleunigte ihre Schritte. Seltsam, dass nirgends ein Zaun zu sehen war, hinter den sie sich hätte flüchten können. Nur ein Metallcontainer stand verloren in einer Distelwiese. Vielleicht war die Türe offen und sie konnte sich dort in Sicherheit bringen, falls die Kuh ihr folgen sollte, dachte sich Katja und sah sich nach der Quelle um. Dort stand das Tier mit erhobenem Haupt und starrte zu ihr. Dann reckte die Kuh den Kopf nach vorne, öffnete das Maul und stieß ihr grotesk klingendes Muuuüüüüüiiiii aus, bevor sie losstürmte. Jetzt war es Katja egal, was man ihr geraten hatte, sie rannte um ihr Leben. Die Disteln peitschten ihre nackten Beine und Unterarme. Sie spürte es nicht. Die Angst saß ihr im Nacken, die brüllende Kuh war ihr auf den Fersen. Katja stolperte über einen Kanaldeckel, konnte aber einen Sturz vermeiden. Beim zweiten Kanaldeckel taumelte sie etwas länger, beim dritten fiel sie der Länge nach auf den Boden. Sie hörte die Hufe der Kuh näher kommen und glaubte ihre letzte Stunde habe geschlagen. Mit blutenden Knien rappelte sie sich auf und lief die letzten Meter zum Container, aus dem gerade ein Mann ins Freie trat.

Engelbert erfasste die Situation sofort und stellte sich breitbeinig der Kuh entgegen, während Katja in den Container floh. Die Kuh streckte alle vier Beine steif von sich und versuchte vor dem Mann zu bremsen. Die Hufe zogen tiefe Rillen im Erdreich, konnten aber den Schwung des massigen Körpers nicht mehr stoppen. Engelbert sprang zur Seite und auch die Kuh schlug erschrocken einen Haken, touchierte dabei mit den Flanken die Containerwand, brüllte vor Schmerz und blieb dann verdutzt stehen. Ihre glotzenden Augen schienen zu fragen, was war das eben, das ihr so auf den Hintern gedroschen hat? Dieser Mann vielleicht? Völlig widerstandslos und zahm ließ sie sich von Engelbert zu der nahegelegenen Weide führen, durch deren Zaun sie ausgebüchst war.

Katja spähte aus dem Türspalt des Containers und war beeindruckt vom Mut des Mannes, der bald darauf zurückkam. Engelbert besah sich die lädierten Knie der hübschen jungen Frau.

»Abgestandenes Mineralwasser kann ich dir anbieten, um die Wunden zu reinigen. Die Erde solltest du abwaschen. Schnaps habe ich leider keinen hier.«

»Geht schon, das sind bloß Abschürfungen«, sagte Katja, goss sich das Wasser über die Knie und zuckte vor Schmerz zusammen. Weil sie nicht wehleidig wirken wollte, fragte sie aggressiv: »Wer zum Teufel hat in diesem Hang Kanalschächte gesetzt?«

»Ich«, sagte Engelbert ruhig.

»Du?«, Katja glaubte es nicht, aber Engelbert nickte bestätigend. »Und wozu? Hier in diesem Niemandsland?«

»Das ist eine lange Geschichte«, begann Engelbert zögernd. Als Katja ihm aber interessiert zuhörte, erzählte der Bauleiter vom Kampf mit dem zähen Erdreich, vom Fließen des Schuttstromes, von seiner Idee mit den Schächten und endete beim Unfall mit dem versunkenen Bagger.

»Du hast mir noch immer nicht den Zweck dieser Leitungen verraten, die du da verlegt hast, . Ist das ein Geheimnis?«

»Kannst du es für dich behalten?«, fragte Engelbert.

»Natürlich.«

»Der Jonavic, damals war er noch Student, kein fertiger Geologe, der Jonavic machte seine Diplomarbeit und wollte dafür den Zusammenhang zwischen Wassergehalt im Boden und der Fließgeschwindigkeit im Hang feststellen.«

»Braucht man dazu Messgeräte?«, lachte Katja.

»Es klingt jetzt so banal, aber es steckte schon etwas mehr dahinter. Es gab beispielsweise auch Niederschlagsmessstellen um die zeitliche Verzögerung zwischen Regen und Hangrutschung herauszubekommen. Und vieles mehr. Einmal in der Woche kamen Vermesser und prüften nach, wie weit sich der Schuttstrom bewegt hatte. Gleichzeitig zeichneten Messgeräte hier im Container die geoelektrischen Daten auf und funkten sie zusammen mit den Werten der Niederschlagsmessstellen an die Universität, wo der Jonavic seine Diplomarbeit schrieb.«

»Toll. Ein wissenschaftliches Projekt also. Und was kam dabei heraus? Ist das das Geheimnis, das ich nicht weitererzählen darf?«, fragte Katja neugierig.

»Nichts kam dabei heraus. Das ist es, was man nicht laut sagen sollte. Schließlich kostete das Ganze ein Heidengeld.«

»Wie nichts? Es gab doch zumindest eine unheimliche Datenmenge!«

»Vielleicht. Ich weiß es nicht. Der Jonavic hatte kein Glück. Erst funktionierten die Messgeräte nicht, dann fiel wiederum die Datenspeicherung aus. Das war die Zeit, als sich der Schuttstrom noch deutlich bewegte. Als die Computer endlich Messwerte lieferten, schlug der Blitz ein und die Ausrüstung verschmorte zu schwarzen Klumpen. Jonavic brachte ein paar Monate später neue Geräte, aber inzwischen hatte die Bewegung im Erdreich ein Kabel abgerissen, trotz meiner tollen Schächte. Als dies endlich repariert war und alles funktionierte, meldeten die Vermesser, dass der Hang zum Stillstand gekommen war. Der Jonavic hoffte auf starke Niederschläge und ließ weiterhin Vermessungen durchführen, aber er glaubte offenbar selbst nicht mehr an sein Projekt.«

»Woher willst du das wissen?«

»Weil heuer im Sommer der Container aufgebrochen worden ist. Lausbuben vielleicht, die mein Getränkelager plündern wollten. Jedenfalls befanden sich keine Computer und Messgeräte mehr darin.«

»Gestohlen?«

»Nein. Jonavic musste bei der Polizei kleinlaut zugeben, dass er seine Sachen nach der Schneeschmelze selbst heimlich abtransportiert hatte, weil der Hang keinerlei Bewegung mehr zeigte. Vielleicht hat er dabei einfach vergessen, den Container ordentlich abzuschließen und es ist überhaupt nie jemand eingebrochen.«

»Dann ist aus der Diplomarbeit wohl nichts geworden.«

»Ich weiß es nicht. Den Titel hat er trotzdem bekommen. Wie, das ist sein Geheimnis.«

Katja schwieg und betupfte mit einem Taschentuch die offenen Knie. Sie dachte sich, welch interessante Geschichte der Mann ihr für die Reportage geliefert hätte. Aber leider war dieses Projekt gestorben. Engelbert fragte, als hätte er ihre Gedanken gelesen, was sie eigentlich hier mache. Zum Vergnügen würde wohl niemand in diesen Distelwiesen umherstreifen, mutmaßte er. Katja überlegte fieberhaft, welche Ausrede sie finden könnte, um ihre Identität zu verschweigen. Sie war sich plötzlich sicher, dass sie besser nicht mit den Ländle News in Verbindung gebracht werden sollte. Da kam ihr der Prospekt vom Enzian in den Sinn und sie sagte zu Engelbert in arglosem Tonfall, dass sie auf die Versprechungen von unberührter Natur mitten im Grünen hereingefallen sei.

Engelbert glaubte ihr und lachte. Gefallen sei in wörtlichem Sinne richtig, meinte er und deutete auf ihre Knie. Kanalschächte seien im Prospekt sicher nicht erwähnt worden. Und gefährliche Kühe auch nicht, ergänzte Katja. Dann stand sie auf und verabschiedete sich. Engelbert wollte sie in seinem Wagen bis zum Enzian mitnehmen, aber Katja lehnte ab. Sie wolle den Weg über die neue Kapelle nehmen, sagte sie.

Bevor Katja losging, vergewisserte sie sich, dass sich die Kuh innerhalb des Weidezauns befand. Das Tier stand dicht am Hütebub und glotzte zu ihr her. Katja hörte das gleichmäßige Tak Tak Tak der Stromimpulse, die ein kleines, solarbetriebenes Kästchen durch den weißen Bändel schickte. Hoffentlich hört das auch dieses Vieh, dachte sie sich und marschierte in einem Sicherheitsabstand von etlichen Metern dem Weidezaun entlang. Die Kuh trabte auf gleicher Höhe mit und ließ ab und zu ihr markerschütternd lautes, aber zugleich lächerliches Muuuüüüüiiiii ertönen.

Als sich Katja einem Bauernhof näherte, erkannte sie zu ihrem Schrecken, dass der Weidezaun rund um die Kapelle lief und ihr den Weg abschnitt. Die Kuh blieb stehen und schaute erwartungsvoll. Katja blieb ebenfalls stehen und überlegte. Das Gelände hinter der Kapelle war derart rau und mündete in schroffe Felsen, sodass sie den Zaun nicht einfach umgehen konnte, sondern wieder zurück hinauf bis zur Quelle müsste. Die Kuh wartete geduldig und brüllte ihr Muuüüiiii.

»Müüüh«, brüllte Katja erbost zurück.

Da vernahm sie ein Lachen. Kaspar Bahl kam aus dem Stall um zu sehen, wer da seine Kuh imitierte. Er trug eine kurze Hose, die ihm mindestens drei Nummern zu groß war. Während er ging und seine Beine bewegte, blieben die Hosenrohre ruhig. Am Oberkörper des Bauern hing ein löchriger Fetzen Stoff, der an ein ärmelloses Unterleibchen erinnerte. Von der einstigen weißen Farbe war nichts mehr übrig.

»Entschuldigen Sie«, rief Katja dem Bauern zu, »können Sie dieses Monster nicht kurz mal in den Stall sperren? Ich möchte an der Kapelle vorbei zum Enzian gehen.«

»Geh' nur«, rief Kaspar zurück, »meine Berta tut niemanden etwas.«

»Und ob! Vorhin hat sie mich über den Hang gejagt und hätte mich fast zu Tode getrampelt. Sehen Sie nur meine Knie an!«

Kaspar Bahl kam interessiert näher. Knie von jungen Frauen musste man aus der Nähe betrachten, freute er sich, was er dann auch ausgiebig tat.

Der riecht nicht nur wie seine Kuh, sondern der glotzt auch so, dachte sich Katja und wurde ungeduldig. Kaspar Bahl kam nach der Inspektion zum Schluss, dass seine Berta nicht im Stande sei, Abschürfungen zu machen.

»Da bist du wohl hingefallen«, sagte er.

»Natürlich bin ich hingefallen, aber nur weil mir dieses Mistvieh hinterher galoppiert ist. Von dem Brunnen oben bis zum Container dort drüben.« Und bevor der Bauer einwenden konnte, dass seine Berta eingezäunt sei, erzählte Katja von ihrer Rettung durch Engelbert, der die Ausreißerin wieder zurückgebracht hatte. »Und jetzt sagen Sie mir nicht, dass die Kuh bloß spielen wollte!«

»Nein, nein«, lachte Kaspar. »Nicht spielen, sondern Salz wollte sie.«

Wie zur Untermauerung dieser Aussage schlich sich Berta von hinten an Kaspar heran und streckte die Zunge weit heraus. So weit, dass sie die nackten Beine des Bauern erreichen konnte. Katja wollte ihn warnen, doch da hatte die Kuh bereits begonnen, die Kniekehlen des Mannes genüsslich abzuschlecken. Kaspar unternahm keinen Versuch, das Tier zu verscheuchen. Erst als die lange Zunge unter die weit abstehenden Hosenrohre der abgeschnittenen Jeans vordrang, schubste er den massigen Schädel Bertas zur Seite. Die haarigen Schenkel des Mannes waren vom klebrigen Speichel überzogen und glänzten in der Sonne. Die Kuh sabberte und aus ihrem Maul seilten sich gelbliche Tropfen an langen Fäden ab.

Kaspar wollte mit Katja ein Gespräch über die Kapelle beginnen, aber Berta wurde erneut zudringlich und ihre Zunge war plötzlich überall. In den Hosenrohren, den Achselhöhlen, am Hals. Schließlich riss dem Bauern die Geduld und er jagte die Kuh die Wiese hinab. Katja nutzte den Moment, stieg über den Weidezaun und ging zur Kapelle hinüber. Der Bauer, mittlerweile überall am Körper feucht schimmernd, kam ebenfalls zur Kapelle. In zehn Metern Entfernung folgte Berta mit heraushängender Zunge. Katja fragte sich insgeheim, ob sich die Dusche des Bauern für heute erledigt hätte und schüttelte sich bei dem Gedanken. Weil sie aber nicht wieder davonlaufen wollte, blieb sie stehen und wartete bis Kaspar bei ihr war. Vor Berta hatte sie keine Angst mehr.

»Irgendwo hab ich dich schon einmal gesehen«, sagte Kaspar und musterte sie. »Warst du nicht bei der Einweihung da? Du bist von der Presse, stimmt's?«

Um vom Thema abzulenken antwortete Katja mit einer Gegenfrage: »Und Sie sind der Bauer, der den Baugrund für die Kapelle spendiert hat, nicht wahr? Das war sehr großzügig!«

Kaspar machte eine abwehrende Handbewegung, Berta zuckte zurück.

»Ich habe die Kapelle hier errichten lassen. Das stimmt.«

Bertas Zunge wollte wieder unter die Hosenrohre, scheinbar schmeckte es dort am bestem. »Herrgott noch mal«, fluchte Kaspar und stieß Berta weg. Halbherzig, wie es Katja schien. Sie hatte den Eindruck, dass bloß ihretwegen die Kuh nicht durfte, was sonst uneingeschränkt erlaubt war. Kaspar fuhr fort:

»Aber auf wessen Grund die Kapelle steht, ist bis heute nicht geklärt. Ich behaupte, der Platz war mein Eigentum. Aber der Stadler sagt dasselbe. Und bevor dieser gottlose Kerl meine schöne Wiese bekommt, hab' ich die Kapelle darauf bauen lassen. Herrgott noch mal! Jetzt reicht's wirklich.«
Berta war offensichtlich zu tief in die Hosenrohre eingedrungen. Kaspar trieb die Kuh zum Stall hinüber und Katja kletterte hinter der Kapelle über den Weidezaun. Sie hatte genug gesehen und gehört. So schöne Geschichten für die Reportage, dachte sie wehmütig, Stoff für ein ganzes Buch.

*

Der Bürgermeister hatte es befürchtet. Zwei Bauanträge lagen vor ihm. Alois Hauser wollte seinen Betrieb um eine Lagerhalle und eine Garage erweitern und Gottlieb Kirchbauer ein Haus errichten. Nach dem Entwurf des Gefahrenzonenplans lägen beide Bauplätze in der braunen Zone, nach dem alten Flächenwidmungsplan war es einwandfreies Bauland. Der Bürgermeister schob die Ansuchen beiseite, in der Hoffnung, dass ihm später irgendeine Lösung dafür einfallen werde. Er schnappte sich das nächste dicke Kuvert vom Poststapel. Wehmütig dachte er an die hübsche Sekretärin, die ihm diese Arbeit versüßt hatte, optisch zumindest. Aber es war absehbar gewesen, dass ihr befristeter Vertrag nicht verlängert würde, nachdem die Gfäller Rutschung zum Stillstand gekommen war und die Arbeit im Gemeindeamt wieder auf Normalniveau sank.
Das Kuvert war widerspenstig. Der Bürgermeister warf den stumpfen Brieföffner genervt zur Seite und klappte sein Taschenmesser auf. Ein zielsicherer Schnitt und der Inhalt flatterte auf den Schreibtisch. Den großen Plan, der mehrfach zusammengefaltet war, hatte er allerdings zerstückelt. »Mist«, ärgerte er sich und suchte ein Klebeband. Vergeblich. Egal, dachte er sich, so sind die Pläne wenigstens kleiner. Es handelte sich um die Ergebnisse der halbjährlichen Vermessung.

Das Gfäll war gespickt mit grünen Kreisen; Grün bedeutete, dass keine Bewegung mehr feststellbar war. Einzig im Schuttstrom gab es kleine, gelbe Pfeile, die Verschiebungen von ein bis zwei Zentimetern bedeuteten. Der Bürgermeister legte den Plan wieder zusammen, faltete den anderen Teil auseinander und erschrak. Scheiblegg sah aus wie ein Schlachtfeld. Neben ein paar wenigen gelben Pfeilen, zeigten dicke rote und sogar violette Pfeilspitzen Richtung Ach hinab. Die Vermesser hatten zudem die größten Bewegungsraten daneben geschrieben und mit Rufezeichen versehen. Hastig wühlte der Bürgermeister in den Anlagen, bis er das Geschwindigkeitsdiagramm fand. Es war eindeutig. Die Zunahme der Bewegungsraten, die letztes Mal als eine Schwankung im Messergebnis oder als mögliche Tendenz gedeutet worden waren, hatte sich bestätigt. Nein, nicht bloß bestätigt, denn die Kurve stieg rasant an! Drohte dem Dorf das gleiche Schicksal wie dem Gfäll, fragte sich der Bürgermeister erschrocken und griff zum Telefon. Der Geologe meldete sich nicht und der Bürgermeister fühlte sich im Stich gelassen.

Er studierte den Plan nun genauer. Die sanft abfallenden Wiesenhänge unterhalb des Dorfes zeigten die größten Bewegungen. Sechzehn Zentimeter im Halbjahr waren jedoch noch immer weit entfernt von den Verschiebungen im Meterbereich, welche im Gfäll aufgetreten waren. Aber vielleicht hatte es dort auch klein angefangen, unbemerkt, weil keine Vermesser zugegen waren? Der Bürgermeister atmete schwer, als läge ein Bleigewicht auf seiner Brust. Sechzehn Zentimeter in sechs Monaten, dreißig im Jahr – das hält kein Bauwerk aus. Zum Glück befanden sich auf diesen Wiesen nur alte Holzstadel und der Tennisplatz. Aber dieses Abgleiten musste ja auch im Dorf heroben Auswirkungen haben. Speziell die Häuser an der Kante könnte es treffen. Beispielsweise den Stadler, schoss es dem Bürgermeister siedend heiß durch den Kopf. Der Ernst hatte genau vor diesem Szenario gewarnt und damals seine Zustimmung zum Erweiterungsbau verweigert. Leider fehlten in diesem Bereich Vermessungspunkte. Erst hinten bei der Feuerwehr und im Rohrmoos gab es wieder Pfeile. Alle in drohend roter Farbe. Rot bedeutete fünf Zentimeter im Halbjahr. Einzig die Kirche und der Messpunkt unterhalb seines eigenen Hauses trugen gelbe Pfeile. Ein bis zwei Zentimeter in sechs Monaten waren zwar nicht wenig, aber in Anbetracht der Gesamtsituation von Scheiblegg stachen sie wie Oasen der Ruhe hervor. Es gab auch grüne Punkte, die seit Beginn der Vermessungen vor 20 Jahren im steilen Hang oberhalb des Dorfes zu finden waren. Das Telefon läutete.

»Ernst! Endlich rufst du zurück«, rief der Bürgermeister erleichtert in den Hörer und musste sich daraufhin auslachen lassen. Schließlich habe er sich sofort gemeldet, als sein Handy den Anruf in Abwesenheit anzeigte, sagte der Geologe.

»Mir ist nicht mehr nach Lachen zumute«, gestand der Bürgermeister. »Kennst du die aktuellen Messergebnisse?«

Ja, antwortete der Geologe, deswegen sei er bereits unterwegs nach Scheiblegg, um sich das Ganze in der Natur anzusehen. Er befände sich schon fast am Pass.

»Dann komm' doch bitte auf einen Sprung ins Gemeindeamt. Ich warte auf dich.«

Vier Stunden später traf der Geologe ein.

»'Tschuldigung Rudi«, begrüßte er den Bürgermeister, »aber es hat etwas länger gedauert. Ich bin bis runter zur Ach und habe das Gelände auf frische Risse oder Gräben kontrolliert. In den sumpfigen Wiesen ist jedoch nichts zu erkennen.«

Der Geologe, immer noch atemlos von der Anstrengung, rang nach Luft. Die Hosenbeine seiner Jeans waren mit dunkelbraunem Moor bespritzt, in seinem Pullover hingen Distelsamen und unzählige Kletten.

»Du siehst wirklich manchmal zum Fürchten aus«, lachte der Bürgermeister, »da hat die Anna schon recht. Wie ein Waldgeist kommst du daher.«

Rudolf zupfte seinem Besucher Moosflechten aus dem Haar und bot ihm ein Glas Wasser an. Der Geologe bedankte sich, kippte das Glas in einem Zug hinunter und sagte dann: »Schlecht sieht's aus.«

»Wieso, ich dachte, du hast nichts erkennen können?«

»Spalten und Gräben hab' ich keine finden können. Aber die Hübsche von der Presse, die habe ich gleich erkannt. Sie war beim Jodok Stadler auf Besuch. Und das sind die untrüglichsten Anzeichen einer dramatischen Entwicklung. Ländle News und Stadler, viel schlimmer kann es nicht kommen.«

»Hat er Schäden am Haus?«

»Weiß ich nicht, ich bin auf Distanz geblieben. Wir werden es morgen ohnehin aus der Zeitung erfahren.«

Der Bürgermeister seufzte. Dann fiel ihm ein, dass der Geologe bis auf das Auftauchen der Presse eigentlich keine negativen Befunde mitgebracht hatte. Er faltete den Plan mit den Messergebnissen auseinander. »Was sagst du dazu?«, fragte er und bat gleichzeitig den Geologen, keine Späßchen mit ihm zu treiben.

»Ich glaube, diese Pfeile sehen dramatischer aus als die Situation in Wirklichkeit ist. Die Vermesser haben mit ihrer Darstellung ziemlich schwere Geschütze aufgefahren.«

»Aber sechzehn Zentimeter in sechs Monaten, das ist doch verdammt viel!«

»Nicht, wenn du das Gelände rund um diesen Messpunkt gesehen hast. In diesem Sumpf nützen dir Gummistiefel auch nichts mehr, denn da rinnt dir die Sauce oben hinein.«

»Aber auch bei der Feuerwehr hat sich die Bewegungsrate verdoppelt!«

»Willst du dich mit aller Gewalt bedroht fühlen?«, foppte der Geologe den Bürgermeister. »Ich versuche dich zu beruhigen und du widersprichst mir dauernd. Hättest wohl gern eine neue Katastrophe und eine neue Sekretärin, die dir dann bei der Arbeit helfen kann?« Ernst brach in wildes Gelächter aus und merkte gar nicht, dass der Bürgermeister keine Miene verzog, sondern angestrengt in den Plan blickte und sagte:

»Selbst wenn es keine akute Bedrohung für Scheiblegg gibt, so ist dieses Ergebnis zumindest Wasser auf die Mühlen der Katastrophen- und Zivilschutzbehörde. Der Machinski wird seine braunen Zonen noch mehr ausweiten.«

Diese Feststellung brachte den Geologen wieder zur Vernunft. Er kratzte sich ausgiebig im Bart und sagte: »Stimmt.

Da hast du ausnahmsweise einmal Recht, Rudi.« Der Anstieg der Bewegungsgeschwindigkeit allein würde ihn nicht allzu sehr beunruhigen. Das habe es vor acht Jahren schon einmal gegeben.

»Das war nach diesem schneereichen Winter und den wahnsinnigen Unwettern, die den Gfäller Rutsch ausgelöst haben. Aber diesmal war das Frühjahr relativ trocken.«

»Dafür der Sommer verregnet.«

»Wann wurde denn vermessen?«

Sie sahen auf das Datum. Anfang Mai. Demnach würden die verregneten Monate Juli und August in diesem Ergebnis noch gar nicht enthalten sein. Sie ärgerten sich, dass die Auswertung der Vermessung erst jetzt eingetroffen war. Der Geologe sagte, dass die neue Rutschung in Halden Schuld daran trüge, weil die Vermesser dort pausenlos im Einsatz gewesen seien. Deshalb sei auch seine Idee mit der Vermessung in Scheiblegg noch nicht angegangen worden. Dabei wollte er, dass die Arbeiten beginnen, bevor der Jonavic zu bohren anfinge.

»Zurück zu diesem Plan«, forderte der Bürgermeister, »muss ich jetzt irgendwelche Maßnahmen setzen, Evakuierungspläne vorbereiten oder etwas Ähnliches in dieser Richtung?«

»Du kannst gar nichts tun. Außer hoffen, dass sich das Ganze wieder beruhigt. Derzeit ist alles noch im Rahmen, eine akute Gefährdung sehe ich trotz dieser vielen roten Pfeile nicht. Sie kennzeichnen dieselben Gebiete, die immer schon in Bewegung waren. Momentan bloß etwas schneller. Somit bist du mit deinem Häuschen früher an der Ach unten. Blöd wird es nur, wenn die Kirche dich überholen will. «

Diesmal rang sich der Bürgermeister pflichtschuldig ein Lächeln ab. Dann legte er dem Geologen die beiden Bauansuchen vor. Hier werden dir deine Späßchen schon vergehen, dachte er sich gehässig, obwohl die Anträge eigentlich sein Problem waren. Ernst studierte die Pläne gewissenhaft und schüttelte dann verneinend den Kopf. Er solle keinen Witz machen, ermahnte ihn der Bürgermeister.

»Seit wann sind die Grundstücke als Bauflächen gewidmet?«, fragte der Geologe.

»Kirchbauers Grund seit Jahrzehnten, der liegt ja quasi im Ortskern, direkt neben seines Vaters Hof. Und Hausers Flächen seit letztem Jahr, so wie die anderen Parzellen im Rohrmoos auch. Wieso?«

Der Geologe ignorierte die Frage und wollte den Preis für den Quadratmeter Baugrund in Scheiblegg wissen.

»Rund hundert Euro.«

»Ein schönes Geschenk für den Hauser. Aber er wird es wohl zurückgeben müssen.«

»Mit Auflagen ist da nichts zu machen?«, fragte der Bürgermeister entsetzt. »Wenn der seine Erweiterung nicht durchbringt, so drohte er mir, dann müsse er einen neuen Standort suchen. Damit sind zwanzig Arbeitsplätze weg. Deshalb hab ich ihm die Genehmigung in gewissem Sinne bereits zugesagt.«

»Dann hast du jetzt ein Problem«, stellte der Geologe nüchtern und mitleidlos fest.

»Mensch Ernst!«, bat der Bürgermeister eindringlich. »Überleg dir das noch einmal in Ruhe. Mit einem negativen Bescheid lieferst du mich dem ans Messer. Dann bin ich, wenn ich Glück habe, höchstens bis zur nächsten Gemeinderatswahl Bürgermeister. Der Hauser hetzt alle gegen mich auf. Bei der letzten Wahl war es schon verdammt knapp.«

Ein Arbeitsloser mehr, dachte sich der Geologe, sprach es aber nicht laut aus. Der Rudi schien heute seinen Späßen nicht geneigt zu sein.

»Und der Kirchbauer?«, fragte der Geologe, um vom Thema abzulenken.

»Der wird zwar furchtbar enttäuscht sein, aber er kann nicht so einen Aufstand inszenieren wie der Hauser. Du musst es ihm nur plausibel genug erklären. Der Gottlieb ist ein vernünftiger Mensch.«

»Vertröste beide. Du kannst dich ruhig auf mich heraus reden. Ich schlage vor, wir warten die Ergebnisse der Vermessung ab, die mehr Aufschluss über die flächenhafte Bewegung geben wird.«

Der Bürgermeister wollte wissen, welcher Art diese geheimnisvolle Vermessung, von der er immer sprach, denn sein werde, aber der Geologe winkte ab.

»Wirst schon sehen. Nächste Woche wollen sie anfangen. Besser ist jedoch, ich verrate vorher nichts.«

*

Katja war nach dem Frühstück ins Dorf gefahren, um eine andere Unterkunft zu finden. Der Druck der Wirtin wegen der vermeintlichen Reportage war unerträglich geworden. Die Reporterin folgte dem Hinweis auf eine Ferienwohnung und stand schließlich vor einem großen, zweigeteilten Bauernhof. Sie läutete beim Eingang des neuen Anbaus. Jodok Stadler öffnete in der scheinbar ortstypischen Stallkluft: abgeschnittene Jeans und ärmelloses Unterleibchen. Katja wich unwillkürlich zurück und fragte, ob sie hier schon richtig sei. Sie suche eine Ferienwohnung und keinen Urlaub auf dem Bauernhof.

Stadler grinste. »Sie können beides haben«, antwortete er. Wenn ihr danach sei, dürfte sie auch Kühe melken oder Pferde striegeln. Katja wehrte dankend ab und wünschte die Ferienwohnung zu sehen. Jodok führte sie in den ersten Stock des neuen Trakts und zeigte ihr das Apartment. Es wirkte kühl und steril. Die Küche war viel zu groß, mehrere Esstische, wie in einem Lokal, standen herum. Jodok gab zu, dass die Räume ursprünglich für andere Zwecke geplant gewesen seien, aber bevor sie ungenutzt leer stünden, würde man sie eben an Gäste vermieten. Katja könne sich hier ausbreiten, sie müsse sich bloß das Frühstück selbst machen. Die Putzfrau käme zweimal die Woche, aber im Schrank fände sie genügend Handtücher.

Das Ambiente war nicht sehr ansprechend, doch der eine Tag im Enzian hatte gereicht, und Katja sehnte sich nach Einsamkeit. Sie wolle morgen umziehen, wenn gewährleistet sei, dass die Putzfrau vorher Staub und Spinnweben entferne. Dem Jodok schien diese Forderung nicht einmal peinlich zu sein, er versprach, alles in die Wege zu leiten und strahlte vor Freude. Katja beschlich das Gefühl, der erste Gast in diesem Haus zu sein.

Danach spazierte sie durch das Dorf und stellte fest, dass der Kirchturm tatsächlich schräg stand. Nicht so auffällig wie der schiefe Turm von Pisa, aber trotzdem wahrnehmbar. Sie setzte sich zum Brunnen, der in einer blumenüberwucherten Verkehrsinsel vor der Kirche stand, und hörte dem Plätschern des Wassers zu. In das sanfte Geräusch mischte sich das Zwitschern der Vögel und Katja schloss die Augen, um sich ganz dieser Idylle hinzugeben. Da brummte ein Traktor aus einer Seitenstraße heran. Unglaublich, welchen Lärm so ein Fahrzeug machen kann, dachte sich Katja und kniff die Augen fester zusammen, als könne sie damit das Motorengeräusch ausblenden. Der Traktor hielt an, der Dieselmotor stampfte an Ort und Stelle vor sich hin. Mensch, fahr doch weiter, schimpfte Katja innerlich, auf was wartest du denn?

Endlich lief der Motor wieder zu höherer Drehzahl auf und der Traktor tuckerte an ihr vorbei. Katja hörte, wie der Lärm nun hinter ihr war und glaubte, endlich Ruhe zu haben. Aber der Traktor fuhr im Kreis um die Verkehrsinsel. Idiot, ärgerte sich Katja, welcher Trottel kann sich denn hier verfahren? Als der Traktor zur zweiten Runde ansetzte, konnte sie ihre Wut kaum mehr unterdrücken. Sollte das ein Ringelspiel werden?

Es war kein Spiel. Gottlieb Kirchbauer wusste bloß nicht, was er anderes tun sollte. Seit er die Frau neben dem Brunnen erkannt hatte, kreisten seine Gedanken ebenso sinnlos um ihre elfenhafte Erscheinung, wie er mit dem Traktor um die Verkehrsinsel. Sie war zurückgekehrt! Diese unbekannte Schönheit, die sich in der Kapelle an ihn geschmiegt hatte. Fast täglich war sie in seinem Kopf herumgegeistert, hatte ihn gequält und mit einem Verlangen erfüllt, das er vorher nicht gekannt hatte. Jetzt saß sie da und schlief wie Dornröschen. Er konnte keinen klaren Gedanken fassen. Sollte er stehen bleiben und zu ihr hingehen? Sie wecken? Womöglich kannte sie ihn gar nicht mehr! Was würde er dann sagen? Er setzte zur dritten Runde an und überlegte fieberhaft, was er tun sollte. Wenn er nicht handelte, würde er sie vielleicht wieder aus den Augen verlieren!

Katja reichte es. Sie öffnete die Augen, fest entschlossen, dem Störenfried die Meinung durch den Traktorenlärm ins Gesicht zu brüllen.
Ihre Blicke begegneten sich. Gottlieb würgte vor Schreck den Motor ab. Katja erkannte den jungen Mann sofort. Diese blauen Augen über den roten Wangen, deren Dreiecke stärker glühten als in ihrer Erinnerung, waren ihr nie aus dem Sinn gegangen.
Das Brunnenwasser plätscherte wieder und in der Stille hörte man die Vögel zwitschern. Gottlieb schien zur Salzsäule erstarrt, wie damals in der Kapelle. Katja winkte ihm lachend zu, ihr Ärger war vollkommen verflogen.
Wie ferngesteuert kletterte Gottlieb vom Traktor herab und kam zu ihr her. Sein Mund war so trocken, dass er nichts sagen hätte können, selbst wenn er die passenden Worte gewusst hätte. »Hallo du«, sagte Katja so unbefangen wie möglich, »hat es dir deine schöne Stimme verschlagen?« Und da er stumm blieb, fügte sie hinzu: »Du hast in der Kapelle so wunderschön gesungen, das hab' ich nicht vergessen.«
»Ich, ich hab' dich auch nicht vergessen«, stotterte Gottlieb und seine Wangen brannten wie Feuer. In dem Moment kam der Landbus und hupte, weil der Traktor im Weg stand. Der Bus musste um die Verkehrsinsel herumfahren können, um zu wenden. Gottlieb sprang auf und stellte den Traktor zur Seite. Die Unterbrechung hatte ihm gut getan. Etwas gefasster kehrte er zurück und erkundigte sich in gestelzt wirkendem Hochdeutsch nach ihrem Namen. Dabei sah er auf ihre Hände. Noch immer ohne Ring, stellte er erleichtert fest.
»Katja«, sagte sie und imitierte seinen artigen Tonfall. »Und du?«
»Gottlieb. Ich wohne dahinten, gleich über der Landstraße. In dem großen Hof meines Vaters. Aber ich baue bald ein eige-

nes Haus, direkt daneben. Die Pläne sind bereits eingereicht. Dann habe ich Platz für eine Frau und Kinder.«

»Bist du denn schon verlobt?«

Gottlieb schaute Katja verwundert an. Erst müsse man doch das Haus bauen, bevor man auf Brautschau ginge, sagte er im Brustton der Überzeugung. Katja lächelte über dieses traditionelle Weltbild und stichelte: »Wenn dir aber nun ein Mädchen gefallen würde, jetzt, bevor du mit Bauen angefangen hast?«

Gottlieb schwieg betroffen. Das war ja sein Problem. Wie konnte er um diese Frau werben, wo der Bauantrag noch nicht einmal bewilligt war?

»Bist du auf Urlaub hier?«, wich er der Frage aus.

»Ja. Diese Woche.«

»Und du wohnst in Bregenz?«

»Ja, das ganze Jahr über.«

»Aber du sprichst nicht wie eine Vorarlbergerin. Bist du eine – eine Deutsche?«

Es war offensichtlich, dass sich Gottlieb mit dem letzten Wort schwer tat. Katja antwortete, dass ihr Vater aus Litauen stamme und die Mutter aus dem Ruhrgebiet komme. Dort sei sie aufgewachsen.

»Litauen«, wiederholte Gottlieb mit einer gewissen Erleichterung.

Katja ärgerte sich über den Alltagsrassismus, dem sie in Vorarlberg immer wieder ausgesetzt war. Sie machte Anstalten aufzustehen. Gottlieb sah sie mit seinen großen, blauen Augen traurig an, unternahm aber keinen Versuch, sie zurückzuhalten. Stattdessen lud er sie auf ein Picknick bei seinem Heustadel an der Ach unten ein. Er könne einen Kuchen backen und Kaffee in einer Thermoskanne mitbringen.

»Kuchen backen?« Katja war erstaunt.

Gottlieb versicherte ihr, dass er Spezialist für Marmorgugelhupf sei. Er müsse ihren Besuch nur rechtzeitig wissen, damit er mit der Zubereitung fertig würde. Er könne zusätzlich auch Mandeln in den Teig geben, wenn sie wolle.

Katja mochte diesen Gottlieb. Er war anders als die Männer, von denen sie sonst angebaggert wurde. Mit selbstgebackenen Marmorkuchen hatte sie noch keiner zu verführen versucht. Sie versprach daher, sich bei ihm zu melden und ließ sich seine Telefonnummer geben.

Gottlieb war glücklich. Er sah Katja nach, wie sie mit grazilen Schritten zu ihrem Wagen ging. Mit seiner Telefonnummer in der Hosentasche.

Als er mit dem Traktor zuhause vorfuhr und ihm seine Schwester half, das Mähwerk anzuhängen, fielen ihm zum ersten Mal deren Hände auf. Sie waren derb und breit, kräftige Finger mit kurzen Nägeln, unter denen sich trotzig ein dunkler Rand hielt. Wäre Katja überhaupt im Stande, ein Mähwerk auf die Anhängerkupplung zu heben? Gottlieb versuchte seine Zweifel zu zerstreuen, aber es gelang ihm nicht. Ein tiefer Schmerz bohrte in seiner Brust.

*

Am nächsten Tag übersiedelte Katja zu Jodok Stadler. Sie hatte der Enzianwirtin am Abend zuvor gestanden, dass es keine Reportage übers Gfäll geben werde. Beim Frühstück erhielt sie die Antwort darauf. Ein dünner Kaffee, ein altes Brötchen und kein Ei. Das hatte am Tag zuvor deutlich üppiger ausgesehen. Der Abschied war entsprechend kühl.

Als Katja aus dem Fenster ihres neuen Domizils blickte, sah sie, dass im Rohrmoos eine Bohrung im Gange war. Die hohe Maschine war weithin sichtbar und der Lärm nicht zu überhören. Neugierig machte sie sich auf den Weg.

Auf der Baustelle ging es tatsächlich zu, wie auf einer Mini-Öl-Plattform. Das Bohrgestänge musste immer wieder um neue Segmente verlängert werden. Zwanzig Meter seien es erst, schrie ihr ein Arbeiter auf ihre Frage nach der Tiefe zu. Vierzig Meter sollten es werden. Katja sah eine Weile lang zu, dann wurde ihr langweilig. Just in dem Moment, als sie wieder gehen wollte, ertönte ein Fauchen und Zischen, wie von einem wild gewordenen Tier. Wasser bahnte sich den Weg durch alle Ritzen und spritzte in Fontänen aus dem Spalt rund um das Bohrgestänge. Die Arbeiter schrien sich Kommandos zu und hantierten an der Maschine, als gelte es einen Überlebenskampf zu führen.

Die Gewalt des Wassers war beeindruckend. Es riss ganze Schlammbatzen mit in die Höhe und baute sich zu einem gewaltigen Springbrunnen auf. Verzweifelt versuchten die Männer das Bohrloch zu dichten, aber es gelang ihnen nicht. Die Wassersäule gischtete wie ein Geysir über die Bohrmaschine hinaus und prasselte als dreckiger Regen wieder nieder. Katja musste zurückweichen, ebenso der Bauleiter, der in sein Mobiltelefon brüllte. Von gespanntem Wasser war die Rede und von 0,8 bar Druck. Unbeantwortet blieb scheinbar die Frage, was zu tun sei. Achselzuckend ging der Bauleiter zur Maschine zurück und schaltete sie ab. Die Wasserfontäne schoss mit unvermindertem Druck in die Höhe. Ein kleiner Bach floss die Zufahrt hinab und flutete Hausers Parkplatz.

Der Bauleiter informierte seine Arbeiter. Er habe das Malheur dem Geologen ausrichten lassen. Aber es könne eine Weile dauern, bis dieser eine Weisung erteile. Der sitze ja im Burgenland. Bis dahin müssten sie warten und könnten bloß versuchen, das Wasser irgendwie in den Kanal zu leiten, bevor hier alles überschwemmt würde.

Katja flüchtete vor den sintflutartigen Wassermassen in den Garten oberhalb des Bohrlochs. Eine Frau stand an der Gartenmauer und fragte besorgt, was da unten vor sich gehe. Sie wisse es nicht, sagte Katja und beobachtete, wie die Männer einen Kanalschacht öffneten und den Bach mit Hilfe von Brettern dort hinein leiteten. Eine Viertelstunde später traf Engelbert ein. Er unterhielt sich eine Weile mit den Arbeitern und kam dann schließlich zu den Frauen herauf.

»Hallo Ida!«, begrüßte Engelbert die Frau und wandte sich dann etwas ärgerlich an Katja: »Die Presse ist wohl immer als erste da, wenn es eine Sensation gibt! Wie geht es den Knien?«

»Ich mache hier Urlaub«, sagte sie beleidigt. »Und ich heiße nicht Presse, sondern Katja.«

Ida unterbrach die beiden. Sie wolle endlich wissen, was da unten los sei, drängte sie Engelbert. Der erklärte, dass man beim Bohren auf gespanntes Wasser gestoßen sei, das nun abfließe.

»Fließen? Das spritzt ja meterhoch heraus!«, eiferte sich Ida.

Das Wasser stünde auch unter gewaltigem Druck, sagte Engelbert. Null Komma acht Bar entsprächen immerhin acht Tonnen pro Quadratmeter.

»Achttausend Kilogramm?«, Katja glaubte sich verhört zu haben. Ida schlug theatralisch die Hände vors Gesicht.

»Das hört sich schlimmer an als es ist. Das Wasser war zwischen dichten Schichten im Erdreich eingequetscht und fließt jetzt ab. Der Jonavic hat soeben angerufen und gemeint, wir sollten einfach warten, bis der Druck abgeflaut ist. Denn vorher bringen wir weder Messgeräte in das Loch, noch können wir tiefer bohren.«

Als Engelbert sich anschickte, wieder zu gehen, hielt ihn Katja am Arm zurück. Sie fragte ihn, ohne dass Ida es hören konnte, wieso er auf einmal so garstig zu ihr sei.

Die Anna habe ihn gewarnt, gab er zu, und mit der Presse habe er schon üble Erfahrungen gemacht. Da gäbe es keine Geheimnisse. Engelbert spielte offenbar auf das missglückte Projekt mit der Messstrecke an, das er ihr unter dem Gebot des Schweigens anvertraut hatte. Keine Sorge, sagte Katja, *die Presse* interessiere sich nicht mehr fürs Gfäll, nur sie als Mensch. Und deshalb sei sie zurückgekehrt. In ihrer Freizeit und ohne Auftrag. Ihr Chef wisse nicht einmal, wo sie sei.

*

Jodok Stadler hatte frische Milch für ein Müsli heraufgebracht und eine Thermoskanne mit Kaffee. Katja saß beim Frühstück und hörte sich beim Kauen zu. Weil es in dem großen Esszimmer nicht einmal ein Radio gab, war das einzige Geräusch das Mahlen ihrer eigenen Kiefer.

Mitten hinein in diese Stille fiel ein Schuss. Der Knall der Explosion hallte von den kahlen Wänden wieder. Katja schrie auf und kippte vor Schreck die Kaffeetasse um. Beim zweiten Schuss ließ sie sich zu Boden fallen und kroch unter den Tisch, von dem der Kaffee tropfte. Es folgte eine Salve knatternder Explosionen und plötzlich erkannte Katja die Ursache. Es war kein Gewehrfeuer, es war etwas viel Unheimlicheres. Vor ihr, höchstens zwei Meter entfernt, sprangen breite Fliesen vom Boden und falteten sich wie von Geisterhand bewegt auf; begleitet von einem harten Knall. Obwohl der Spuk bloß Sekunden dauerte, kam er Katja wie eine Zeitlupensequenz in einem Horrorfilm vor. Welch gewaltige, unsichtbare Kraft hob die schweren Terrakottaplatten an? Und faltete sie wie ein Kartenhaus auf? Von der Mitte des Raumes ausgehend liefen diese zeltartigen Aufwerfungen wie in einem Dominoeffekt auf die Seitenwände des Raumes zu. Dort angekommen, verstummten schlagartig die explosionsartigen Entladungen, mit denen sich die Fliesen vom Boden getrennt hatten.

Gespenstische Ruhe breitete sich aus.

Katja, ohnehin schon am Boden kauernd, krabbelte auf allen vieren zu der Aufwerfung hin, die das Esszimmer nun in zwei Teile trennte. Sie hob eine der Fliesen auf. Das Gegenstück fiel scheppernd auf den Boden. Katja schob es beiseite und untersuchte den blanken Estrich darunter. Bis auf dünne Haarrisse war nichts zu erkennen. Seltsam, dachte sie sich, um die Fliesen anzuheben, musste der Boden abgesackt sein. Und zwar auf der gesamten Breite des Hauses.

Sie vernahm das Trampeln schwerer Schuhe im Stiegenhaus. Männerstimmen riefen sich Kommandos zu. Katja stand auf und wollte sich erst das Kaffee-Staubgemisch von den Händen waschen, bevor sie hinunterging. Aber aus dem Wasserhahn drang nur ein ersterbendes Röcheln. Sie eilte ins Bad. Dort hustete ihr die Dusche wenigstens ein paar Tropfen in die Hände.

Dafür stand das Erdgeschoss unter Wasser. Und Jodok mit Kübeln und Tüchern mitten drin.

»Ein Rohrbruch«, rief er zu Katja über den See hinüber, als er sie auf der Treppe bemerkte. Die Feuerwehr müsste jeden Moment hier sein und Pumpen bringen, sagte er. Katja fragte, was eigentlich passiert sei, denn oben im Esszimmer seien die Fliesen vom Boden gesprungen. Jodok starrte sie ungläubig an. »Wie gesprungen?«, wollte er wissen und watete näher. Katja formte mit beiden Händen ein Dach und erklärte: »Quer über den ganzen Raum stehen sie so auf. Zwei komplette Reihen Fliesen. Keine einzige ist zerbrochen. Irgendwas im Gebäude muss abgesackt sein.«

Jodok sagte, dass er und sein Bruder erst einen dumpfen Knall und dann ein merkwürdiges Knirschen vernommen hätten. Aber der Lärm der Melkmaschine ließ die Geräusche in den Hintergrund treten und sie hätten nicht weiter darauf geachtet, wenn nicht die Kühe zu brüllen angefangen hätten, was sonst gar nicht ihre Art sei. Auch die Rösser hätten gegen die Boxen getreten und dann sei sein Bruder nachsehen gegangen. Das Wasser sei bereits knöchelhoch im Gang gestanden.

Eine Sirene ertönte und Blaulicht blitzte in der Hofeinfahrt. Drei Feuerwehrmänner stürmten mit Schläuchen und Pumpen herbei. Der Kommandant kam etwas gemächlicher heran und fragte, wo das Rohr gebrochen sei. Jodok wusste es nicht. Irgendwo in einer Wand, mutmaßte er, denn das Wasser quoll aus Steckdosen und unter Fußleisten hervor, obwohl der Schieber draußen in der Zufahrt bereits abgedreht worden sei.

Dann werde man die Wand wohl aufspitzen müssen, meinte der Feuerwehrkommandant, Jodok solle einen Installateur bestellen.

Nachdem sich Jodok den Fliesenschaden im Esszimmer angesehen hatte, rief er auch den Bürgermeister an, mit der Bitte, den Geologen zu verständigen.

Als er wieder nach unten ging, stand der Ernst bereits an der Tür.

»Hallo Jodok«, begrüßte er den verdutzten Mann, »gerade heute, wo ich meine Gummistiefel nicht dabei habe, veranstaltest du so eine Sauerei.«

Jodok betrachtete den vergnügt grinsenden Geologen als sei er ein Gespenst.

»Wie kannst du so schnell – «, fing er zu sprechen an, aber da läutete das Mobiltelefon des Geologen.

»Ja Rudi, was gibt's? – Wo ich derzeit bin? Beim Stadler, warum? – Was ist daran gut? Hallo? Hallo?« Der Geologe schaute ratlos auf das Display des Telefons. «Jetzt hat der Bürgermeister einfach aufgehängt«, sagte er verwundert zu Jodok.

»Der kommt wahrscheinlich gleich hierher«, antwortete Jodok und setzte noch einmal zu seiner vorigen Frage an, als sich Katja von hinten an ihm vorbeischob und ins Freie wollte.

Der Geologe sah sie erstaunt an und sagte dann sarkastisch: »Diesmal war ich sicher, das Wettrennen mit der Presse zu gewinnen. So kann man sich täuschen. Ländle News lässt seine Spitzel vor Ort übernachten, damit keine Schlagzeile versäumt wird.«

Katja war von diesem Angriff derart überrascht, dass ihr im ersten Moment gar nichts einfiel, außer sich zu ärgern. Als ihr eine bissige Entgegnung endlich auf der Zunge lag, traf der Bürgermeister ein und begrüßte lautstark den Geologen: »Guten Morgen Ernst, sag bist du geflogen oder hast du bereits auf der Lauer gelegen? Guten Morgen Jodok.«

Der Geologe erklärte, dass er sich heute früh mit den Vermessern beim Feuerwehrhaus verabredet hatte. Und weil sie ihre Autos trotz Halteverbots vor der Ausfahrt geparkt hatten, habe es einen ziemlichen Wirbel gegeben. Kurz darauf sei die Feuerwehr mit Blaulicht und Sirene die fünfhundert Meter zu Stadlers Anwesen gepresst. Er sei gemütlich zu Fuß gegangen und ein paar Minuten später eingetroffen. Neugierde habe ihn getrieben. Aber dass wegen dem bisschen Wasser so ein Auflauf herrsche, verstehe er nicht. Sogar die Presse sei schon da.

Der Bürgermeister nickte daraufhin Katja zur Begrüßung zu. Jetzt konnte er ihre Anwesenheit nicht mehr so demonstrativ ignorieren wie vorhin. »So, so«, sagte er ohne sein Missfallen zu verbergen, »Ländle News auf der Spur einer neuen Katastrophe.«

Katja reichte es. Sie hatte keine Ahnung, weshalb ihr in Scheiblegg plötzlich eine derartige Feindseligkeit entgegenschlug und wollte es auch gar nicht mehr wissen. Sie stürmte die Treppen wieder hinauf und warf ihre Sachen in den Koffer. Das Geld für die eine Nacht drückte sie dem Jodok unten im Hof in die Hand und stieg über die Feuerwehrschläuche hinweg zu ihrem Wagen. Sie schlug die Autotür zu und startete.

Der Feuerwehrkommandant klopfte ans Fenster, zeigte auf die Schläuche und bat sie, etwas zu warten. »Da können Sie jetzt nicht drüber fahren«, sagte er und sah in große, moosgrüne Augen, aus denen Tränen flossen. »Mein Gott«, murmelte er, »der nächste Rohrbruch.« Er hatte keine Ahnung, was er tun sollte, denn die hübsche junge Dame saß regungslos hinter dem Steuer und stellte nicht einmal den Motor ab. Achselzuckend und mit schlechtem Gewissen ging er zu den anderen zurück. Das war nicht sein Metier. Der Motor verreckte.

Der Geologe besah sich den Schaden im Esszimmer. Erst jetzt war ihm klar, dass der Rohrbruch nur eine Folgeerscheinung von etwas viel Ernsthafterem war. Das Fundament musste nachgegeben haben. Aber wie war das möglich? Die von Dr. Gütl in seinem geologischen Gutachten vorgeschriebene Winkelstützmauer hätte gerade dies verhindern sollen. Jodok druckste herum, bis er schließlich zugab, dass anstelle der Winkelstützmauer andere Maßnahmen zur Stabilisierung der Fundamentplatte getroffen worden seien.

»Andere Maßnahmen?«, fragte der Geologe, als habe er sich verhört.

»Die Baufirma sagte, eine Winkelstützmauer wäre zu aufwändig, viel zu teuer und Piloten täten denselben Zweck«, rechtfertigte sich Jodok mit hochrotem Gesicht.

»Wie man sieht.« Der Geologe konnte sich die Bemerkung nicht verkneifen. »Wer war denn diese superschlaue Baufirma?«

»Es ist keine Baufirma im eigentlichen Sinn, also zum Häuserbauen, deshalb hat er mir auch bloß den Unterbau und das Fundament gemacht.«

»Wer er? Raus mit der Sprache!«, forderte der Geologe.

»Der Alois. Der Hauser Alois. Weil er ja fast mein Nachbar ist und wir uns gut kennen.«

Der Bürgermeister schlug sich an die Stirn und tat, als hörte er zum ersten Mal davon. Jodok funkelte ihn ob dieser Geste böse an. Es herrschte gespanntes Schweigen. Der Geologe massierte seinen Bart. Schließlich riet er dem Jodok, sich mit seiner Gebäudeversicherung in Verbindung zu setzen. »Vielleicht übernimmt die den Schaden, ohne lange nachzufragen«, meinte der Geologe. Aber es klang wenig überzeugend. Dann ging er, um das Haus noch auf weitere Schäden hin zu untersuchen.

Als der Geologe das Zimmer verlassen hatte, rückte der Bürgermeister seinen Stuhl näher zu Jodok heran und befragte ihn mit eindringlicher Stimme, was er mit Ländle News im Schilde führe, denn beim heute entstandenen Schaden könne ihm die Presse ja nichts mehr nutzen.

Jodok machte unschuldige, große Augen und fragte, von welcher Presse denn dauernd die Rede sei. Seit dem Artikel vor vier Jahren, auf den der Bürgermeister nun anspiele, habe er nie wieder mit Ländle News zu tun gehabt. Und außerdem, nur damit dies einmal gesagt sei, trüge er keine Verantwortung für die damaligen Schlagzeilen, die den Bürgermeister im gleichen Atemzug mit der Katastrophe vom Gfäll genannt hatten. »Ich hab' damals bloß um meine Existenzgrundlage gekämpft«, redete sich der Jodok in Fahrt, »die du mir nicht bewilligen wolltest. Da war mir jedes Druckmittel Recht, das gebe ich zu. Aber jetzt verstehe ich deine Frage nicht. Ich führe überhaupt nichts im Schilde. Mit der Presse schon gar nicht.«

»Ja aber dein Gast – die junge Frau, die bei dir wohnt. Die ist Reporterin von Ländle News!«

»Davon weiß ich nichts«, entgegnete Jodok, »sie wollte bei mir fünf Tage Urlaub machen.«

»Urlaub machen! Ha! In Scheiblegg. Das glaubst du doch selbst nicht.«

»Wieso sollte ich etwas anderes annehmen? Schließlich spricht sie wie eine Deutsche!«

Der Bürgermeister hatte das Gefühl, dass Jodok ehrlich war und lenkte ein. »Glaub mir, sie ist von der Presse. Sie war bei der Einweihung der Kapelle dabei. Jetzt hat sie zwei Nächte im Enzian gewohnt, dort die Anna ausgequetscht und das Gfäll erkundet. Gestern stand sie bei der Bohrung, als die Wasserfontäne hervorbrach und heute ist sie ganz zufällig dabei, wie deine Fliesen abheben. Ich werde das ungute Gefühl nicht los, dass sie etwas im Schilde führt und deshalb hier herumschnüffelt. Inkognito und ohne Fotograf.«

»Du siehst Gespenster. Bei mir hat sie sich bloß über Kirchbauers Gottlieb erkundigt. Ich glaube, sie ist verliebt.«

»Verliebt? In den Gottlieb?«, der Bürgermeister brach in Lachen aus, aber dann fiel ihm das Bauansuchen vom Kirchbauer ein und dass die Reporterin damit dem nächsten Hotspot auf der Spur wäre. »Fehlt nur mehr, dass sie mit dem Hauser Kontakt aufnimmt«, sagte er nachdenklich.

»Stimmt. Das hätte ich fast vergessen, nach dem Alois hat sich mich auch gefragt, aber nur nebenbei. Glaub mir, für den Gottlieb interessiert sie sich viel mehr«, sagte Jodok und spitzte die Lippen wie zu einem Kuss. Dann lachte er.

Der Geologe kehrte von der Inspektion zurück. Er berichtete, dass der neue Trakt offenbar quer zur Achse auseinandergebrochen sei. Es sei zu befürchten, dass dies erst der Anfang einer Serie von weiteren Schäden sei, die durch das Abdriften der Erdscholle, auf der der Anbau stehe, verursacht würden. »Ich hatte leider Recht mit meinen Bedenken«, sagte der Geologe und hielt beide Hände flach nebeneinander. »Dies ist der bestehende, alte Hof«, erklärte er und wackelte mit der rechten Hand, »und hier steht der Neubau.« Er hob die Linke. Dann schob er beide Hände seitlich aneinander vorbei. »Und das macht der Untergrund. Es wird durch diese Drift erst Spalten geben, danach zerreißt es die Wände.«

Jodok schaute entsetzt auf die Handrücken des Geologen, die seine Zukunft so anschaulich darstellten.

»Es hätte eine Chance gegeben, das Risiko zu minimieren. Mit der Winkelstützmauer wäre der Neubau vielleicht als

Ganzes davongeschwommen. Lediglich die Verbindung zum Altbau wäre getrennt worden. Aber das hast du dir selbst vermasselt.«

Der Bürgermeister unterbrach die Ausführungen des Geologen und fragte, ob das Gebäude nun einsturzgefährdet sei, ob er eine Evakuierung veranlassen müsse.

»Die Evakuierung ist doch schon freiwillig erfolgt, oder nicht?«, grinste der Geologe. »Die Ländle News Reporterin ist vor kurzem der Feuerwehr über die Schläuche gefahren. Der Kommandant konnte sie nicht davon abhalten. Erst habe sie Krokodilstränen geheult, dann sei sie wütend geworden. Gefährlich, wie ein verletztes Tier, sagte er und ist deshalb zur Seite gesprungen, als sie Gas gegeben hat.«

*

Katja preschte mit ihrem Wagen die Passstraße hinauf. Sie wusste, auch ohne Blick auf den Tachometer, dass sie viel zu schnell unterwegs war. Sie ahnte auch, dass diese Geschwindigkeit etwas mit Flucht zu tun hatte. Aber wovor sie davonfuhr, das war ihr nicht klar. Lag es daran, dass sich ihre Vorstellungen nicht erfüllt hatten? Obwohl die Reportage nicht mehr in Frage kam, so hatte sie doch geglaubt, mit ihrem Interesse Zugang zu den Herzen der Einheimischen zu bekommen. Stattdessen unterstellte man ihr Schnüffelei und Misstrauen schlug ihr entgegen. Ihre Sprache war auf einmal verdächtig, ihr Aussehen. Und ihre Mitarbeit bei Ländle News stempelte sie dann endgültig ab. Dabei war sie wirklich bloß aus Interesse gekommnen!

Katja musste bremsen, weil eine Kuhherde auf der anderen Seite des Passes auf der Fahrbahn trottete. Sie hörte, wie unter den Reifen der frische Kot spritzte. An ein Vorbeifahren war nicht zu denken.

Das langsame Tempo kühlte ihre Wut. Der Rückblick auf die vergangenen Tage wurde klarer und auf einmal formte sich aus ihren Gedanken die Frage, von welcher Art ihr Interesse eigentlich gewesen sei. Trug es nicht im Kern einen voyeuristischen Zug? Nahm sie wirklich Anteil an den Tragödien oder war sie bloß auf Geschichten aus, weil sie im Geheimen die Reportage nicht ganz aufgegeben hatte? Zog sie nicht manchmal in Erwägung, ein Buch über diese Katastrophe zu schreiben? Und wenn schon, sagte eine trotzige Stimme in ihr. Das gab denen keinesfalls das Recht, sie so auszugrenzen. Einen Nazi tolerieren, aber sie aus dem Dorf ekeln!

Katja hupte und die Kühe galoppierten in Panik auf dem glatten Asphalt umher. Die Bauern hoben drohend die Stöcke, nicht gegen die Tiere, sondern gegen ihre Ungeduld.

Also kroch sie weiter hinter der Herde her. Es blieb ihr nichts anderes übrig. Die Tiere konnte sie nicht so einfach überfahren wie den Feuerwehrschlauch. Die Erinnerung an den zur Seite springenden Kommandanten brachte sie zum Schmunzeln. Ihre Aggression ließ nach und dann kam ihr Gottlieb mit seinem Marmorgugelhupf in den Sinn. Sie kramte nach seiner Telefonnummer, während sie mit einer Hand das Lenkrad hielt.

»Gottlieb? Hallo, hier ist Katja. – Nein. Deshalb rufe ich jetzt an. Ich musste ganz überstürzt abreisen und – Oh, das tut mir Leid. Aber so schnell werden Mandeln nicht ranzig. – Ich komme wieder. Das verspreche ich dir. – Wann? Das kann ich noch nicht sagen, weil – Ja, spätestens, wenn dein Haus fertig ist! – Tschüss.«

*

Während der Geologe der Feuerwehr gefolgt war, hatten die Vermesser mit der Arbeit begonnen. Vermesserinnen, besser gesagt. Denn die Frau, die vor Jahren im Gfäll mit den vielen Kabeln und den Antennen unterwegs gewesen war, hatte diesmal eine Gehilfin dabei, die ihr an Körpergröße beinah ebenbürtig war.

Der Hauser sah im Vorbeifahren die beiden Frauen in der Wiese neben dem Feuerwehrhaus mit einer Spraydose Grasbüschel markieren. Er wunderte sich, hatte aber keine Zeit stehen zu bleiben. Bei der Rückfahrt hantierte eine mit einem staubsaugerartigen Gerät, während die andere, mit einer Spitzhacke über der Schulter, offenbar auf ihren Einsatz wartete.

»Gibt es denn in der Vermessung keine brauchbaren Männer mehr?«, fragte sich der Bauunternehmer und eilte zum nächsten Termin.

Die Vermesserin schwenkte das Metallsuchgerät über die Wiese. Das quäkende Signal blieb leise.

»Da ist nichts«, stellte sie enttäuscht fest.

»Komisch«, wunderte sich die andere.

Die Frauen gingen zur Straße hinab.

»Aus welchem Jahr stammt die Straßenvermessung?«, fragte die Gehilfin.

»Die ist jetzt fünfundzwanzig Jahre her«, gab die Vermesserin zur Antwort.

Sie suchten den Boden zwischen Gehsteigrand und Feuerwehrzufahrt mit den Augen ab. »Da!«

Die Gehilfin hatte einen alten, vom Schneepflug abgeschliffenen Nagel entdeckt. Die Vermesserin stellte den Stab mit der GPS-Antenne darauf, tippte auf der Tastatur herum und sagte dann: »Der stimmt leider nicht. Hier sollte ein Loch im Randstein sein und kein Grenznagel. Ich bin über einen Meter daneben.«

Plötzlich ging der Vermesserin ein Licht auf. Na klar! Vor fünfundzwanzig Jahren lag der Gehsteig um hundertzwanzig Zentimeter weiter hinten. Bei einer Bewegungsrate von knapp fünf Zentimetern im Jahr war das durchaus möglich.

Die beiden kehrten zu den farbigen Grasbüscheln in der Wiese zurück. Dort hatten sie die Lage von alten Grenzpunkten markiert, mit den Koordinaten, die zum Zeitpunkt der Einmessung gegolten hatten. Mit dem Metallsuchgerät suchte die Vermesserin nun einen Meter Richtung Ach versetzt und wie vermutet, schlug das Gerät mit hohen Piepstönen an. Die Gehilfin fing an zu graben und legte bald die alte Eisenmarke frei. Die Vermesserin maß die jetzige Lage ein.

»Wieder ein Meter zwanzig!«, triumphierte sie.

Nun wussten die beiden Frauen, wie sie vorzugehen hatten. Der Auftrag des Geologen lautete nämlich, so viele alte Grenzzeichen wie möglich zu finden und neu einzumessen. Aus der Differenz der heutigen Lage zu der Position von früher konnte man eine Bewegung ableiten und in eine Geschwindigkeit von Zentimetern pro Jahr umrechnen. Je mehr Grenzzeichen sie auf diese Art überprüfen konnten, desto genauer würde das Bewegungsverhalten des Untergrundes ersichtlich werden.

Es war eine zeitaufwändige und anstrengende Tätigkeit, aber den beiden Frauen kam es wie eine Schatzsuche vor. Erst wurden rund um ein Grundstück mit Spray die Sollpositionen markiert, dann rechneten sie mit dem Planalter hoch, wo das Grenzzeichen heute zu finden sein müsste und schließlich ging es ans Graben. Das war mitunter mühsam, denn früher hatte man vermehrt Grenzsteine gesetzt, die mit dem Metallsuchgerät nicht georet werden konnten. Daher fragten sie, sofern jemand zuhause war, wo denn eventuell ein Stein verborgen sein könnte. Unter einer Hecke vielleicht? Oder war er beim Bau der Gartenmauer entfernt worden?

Hatten sie ein altes Grenzzeichen gefunden, mussten sie mit der Interpretation der Bewegungsrate sehr vorsichtig sein. Eine Grenzmarke konnte beispielsweise im Lauf der Jahre neu gesetzt worden sein. Wenn im alten Vermessungsplan ein behauener Stein aufschien, so war bei einer gefundenen Metallmarke Misstrauen geboten. Am aussagekräftigsten waren daher die Grenzzeichen, denen ihr Alter anzusehen war. Verblichene, in Stein gemeißelte Kreuze oder Ecken von Mauern, an denen Jahrzehnte altes Moos klebte.

Die beiden Vermesserinnen suchten am Vormittag das Gebiet von der Feuerwehr bis zum Bauunternehmer Hauser ab. Dort stimmten die alten und neuen Koordinaten plötzlich überein. Sie waren in ruhiges Gelände vorgedrungen. Auch Idas Gartenmauer lag unverändert an ihrem Platz.

Am Nachmittag, als sie von der Feuerwehr Richtung Kirche unterwegs waren, wurden sie von einem Gewitterregen überrascht und flüchteten unter ein Vordach. Eine Frau schaute aus dem Fenster und winkte die beiden zu sich. Sie wollte wis-

sen, was der rote Punkt an ihrer Grenze zu bedeuten hätte.
Die Vermesserin erklärte ihr, dass sich dort einst der Grenzstein befunden hatte.
»Ja, und wo ist er jetzt?«, fragte die Frau verwundert.
»Das werden wir gleich sehen, sobald der Regen nachlässt.«
Sie fanden ihn. Unter den erstaunten Augen der Bewohnerin. Achtzig Zentimeter vom roten Punkt entfernt.
»Aber das gibt es doch nicht!«, rief diese entsetzt aus. »Dann wäre ja alles, der Garten und das Haus um dieses gewaltige Stück gerutscht!«
Die Vermesserin versuchte zu beruhigen. Die achtzig Zentimeter sähen zugegebenermaßen nach viel aus, aber bei einer Bewegungsrate von drei Zentimetern im Jahr käme im Laufe der Zeit eben dieser Betrag zustande.
Drei Zentimeter gingen ja noch. Aber achtzig! Das sei dann doch zu viel. Da müsse man sich anfangen zu fürchten. Angsterfüllt und argwöhnisch betrachtete sie das Haus, in dem sie seit fast dreißig Jahren wohnte.
Mit Mathematik war dieser Frau nicht beizukommen. Trotzdem unternahm die Vermesserin einen neuen Anlauf und rechnete den umgekehrten Weg vor: Achtzig Zentimeter in siebenundzwanzig Jahren ergäbe drei Zentimeter im Jahr.
»Drei!«, betonte sie.
»Achtzig! Oh mein Gott! Wenn das mein Mann erfährt«, damit stürmte die Frau ins Haus zurück. Der Ehegatte ließ sich nicht blicken, entweder war er zu geschockt oder nicht daheim.

Eine halbe Stunde später kam dafür der Bauunternehmer Hauser und fragte die Vermesserin, was es mit den achtzig Zentimetern auf sich habe. Gerüchte seien ihm zu Ohren gekommen und er wolle der Sache auf den Grund gehen, bevor es zur Panik in der Bevölkerung käme.
»Hetzen sie mir die Leute nicht mit Horrorzahlen auf!«, beschwor er die Vermesserin.
Angesichts dieser Situation sah sich die Vermesserin außerstande, den Zweck ihrer Tätigkeit weiter zu verheimlichen, so wie es ihr der Geologe aufgetragen hatte. Also erklärte sie dem

Hauser, worum es ging. Der Bauunternehmer zeigte sich sehr interessiert und äußerst kooperativ. Er selbst wisse einige alte Grenzvermarkungen, die könne er freilegen lassen, damit sie als Frauen nicht mit der Spitzhacke graben müssten. Zudem würde er die Grundbesitzer informieren und sie bitten, behilflich zu sein.

So viel Engagement ging der Vermesserin zu weit. Sie wollte lieber in Ruhe und eigenhändig die Grenzzeichen aufspüren, aber der Hauser war nicht mehr zu bremsen. Er versprach, sofort alles Notwendige zu veranlassen und fuhr davon. Jetzt ahnte die Vermesserin, warum sie der Geologe zur Geheimhaltung verpflichtet hatte. Er kannte die Menschen hier besser als sie.

Die Vermesserinnen mussten ihre Arbeit unterbrechen. Das Wetter spielte nicht mit. Aus den gewittrigen Schauern wurde ein Dauerregen, der bis zum Wochenende anhielt. Erst montags kehrten die beiden Frauen nach Scheiblegg zurück. Sie trauten ihren Augen kaum, als sie sich mit der Messausrüstung auf die Suche nach Grenzpunkten begaben. Wie eine Kolonie Fliegenpilze lugten frisch lackierte, rote Grenzzeichen in den Wiesen, unter den Hecken und an den Straßenrändern hervor. Die fürs Graben zuständige Gehilfin trug die Spitzhacke und war begeistert. Ihre Chefin sah jedoch äußerst skeptisch drein. Sie überprüfte mit dem GPS-Gerät die Lage einiger Grenzsteine, die aus den sechziger Jahren stammen sollten. Es gab zwar deutliche Abweichungen in den Positionen, aber keine Systematik mehr.

»Mist«, sagte sie und stocherte mit der Fußspitze im gelockerten Erdreich. »Die wurden nicht bloß ausgegraben, sondern versetzt.«

»Ach, das glaube ich nicht«, widersprach die Gehilfin, »vielleicht hat man die Steine nur wieder gerade gestellt. Die meisten stehen ja schief, wenn sie so alt sind.«

In dem Moment fuhr der Hauser vor. Als er ausstieg, breitete er die Hände aus, als wolle er das ganze Dorf umarmen. Zufrieden sagte er: »So lässt es sich viel leichter arbeiten! Nicht wahr, meine Damen? Wir konnten zwar nicht alle, aber doch viele Punkte finden. Die müssten für ihre Untersuchung auf jeden Fall ausreichen.«

Die Vermesserin schwieg. Sie wusste, dass sie sich von nun an auf jene Punkte zu konzentrieren hatte, die vom Hauser unentdeckt geblieben waren. Denn allen anderen war nicht mehr zu trauen.

Der Bauunternehmer sprühte vor guter Laune und sagte: »Wenn die Damen im Rohrmoos angekommen sind, wo ich natürlich auch meine eigenen Grenzen freigelegt habe, lade ich Sie herzlich auf einen Kaffee ein!«

»Danke, aber dort waren wir bereits.«

»Wie dort –, wann denn?«, stotterte der Bauunternehmer irritiert und das fröhliche Lachen wich einer seltsamen Blässe.

»Das letzte Mal haben wir den Abschnitt Feuerwehr – Rohrmoos gemessen. Bis hin zu den großen Parkplätzen mit den Maschinen und den Lagerhallen der Firma Hauser .«

»Das bin ja ich. Bauunternehmer Hauser«, rief er und zeigte auf seine Brust.

»Deshalb sagte ich, dass wir dort schon waren. Die Grenzen hätten Sie nicht mehr anmalen müssen.«

»Und, wie sieht es bei mir aus? Hat es Bewegungen gegeben?«

»So viel ich mich erinnern kann, kaum. Hinter den Parkplätzen ein paar Zentimeter, aber in Richtung Westen, zu den Gebäuden hin, hat sich überhaupt nichts geändert.«

Der Bauunternehmer reagierte nicht erleichtert, was bei dieser positiven Nachricht eigentlich zu erwarten gewesen wäre. Er stierte seltsam verloren auf den Boden, als müsse er ganz intensiv über etwas nachdenken. Die Vermesserin, die schon lange einen bestimmten Verdacht hegte, schlug vor, die Punkte nochmals in seinem Beisein zu messen, damit er die Resultate mit eigenen Augen sehen könne. »Danach trinken wir den versprochenen Kaffee. Einverstanden?«

Hausers Körper schien sich wie unter einer großen Last zu winden, sein Gesicht zeigte schmerzliche Züge. Trotzdem konnte er nicht anders, als seine Einladung zu wiederholen. Die Nachmessung sei aber nicht nötig, wehrte er den Vorschlag der Vermesserin ab. Das koste bloß Zeit, die er viel lieber mit den netten Damen verbringen wolle. Außerdem, sagte er und seine Miene hellte sich plötzlich auf, in der Lagerhalle beim Kaffeeautomaten sei es viel zu ungemütlich. Er schlage daher vor, ins Dorfcafé zu gehen, dort gebe es wunderbare Kuchen.

»Aber nicht jetzt«, entschied die Vermesserin, »vor dem Essen ist das keine gute Idee, lieber nachmittags.«

Dann müsse er sich entschuldigen, sagte der Hauser, denn bereits um halb zwei Uhr habe er einen Termin in der Hauptstadt.

Um zwei Uhr nachmittags kreuzten die Frauen im Rohrmoos auf. Als erstes überprüften sie die Grenzmarken hinter den Parkplätzen.

»Glaubst du mir jetzt?«, fragte Vermesserin ihre Gehilfin und deutete auf das Display des GPS-Gerätes. »Im Vergleich zur letzten Woche ist dieser Grenzpunkt zwanzig Zentimeter weit gewandert. Allerdings in die falsche Richtung, nämlich bergan!« Sie lachte, weil sie dem Hauser auf die Schliche gekommen war. Da der Bauunternehmer wusste, dass die Grenzen vor zehn Jahren gesetzt worden waren, rechnete er selbst offenbar mit einer Bewegung von zwei Zentimetern im Jahr.

Sie gingen zur asphaltierten Einfahrt vor dem Firmengelände, um zu sehen, ob der Hauser versucht hatte, auch die Grenznägel zu manipulieren. Sie fand keinen einzigen mehr.

»Die hat er tatsächlich gezupft, dieser Depp«, sagte die Vermesserin. »Seine besten Beweisstücke für die ruhige Lage des Firmengeländes«.

Dann fügte sie schelmisch grinsend hinzu, dass sie nun im Plan vermerken könnte, es ließe sich über diesen Bereich mangels alter Grenzpunkte leider keine Aussage treffen.

Die Frauen brachen in schallendes Gelächter aus.

*

Drei Wochen später tauchte der Geologe mit einer Rolle Pläne unterm Arm beim Bürgermeister auf.

»Sieh' dir das an, Rudi! Ich habe sensationelle Unterlagen von den Vermessern bekommen.«

Der Bürgermeister sah bloß verdammt viele Pfeile, von gelb über orange und dunkelrot bis zu violett. Pfeile mochte er gar nicht. »Schaut schlecht aus, nicht wahr?«, fragte er deshalb.

»Nein, im Gegenteil. Ich habe Recht behalten. Die Bewegungen aus den Grenzpunkten beweisen es. Hier – «, er zog mit einem Kuli einen Kreis um die größten Pfeile, »ist die labilste Zone mit der höchsten Geschwindigkeit, und hier – «, diesmal fing sein Kuli die gelben und orangen Pfeile ein, »sind die langsamen Bereiche. Zwanzig Zentimeter seit den Sechzigerjahren, das hält jedes solide gebaute Haus aus.«

Während der Bürgermeister versuchte, in dem Pfeilwirrwarr und den Lassos aus Kulistrichen etwas Positives zu erkennen, fuhrwerkte der Geologe in den Aktenstapeln am Schreibtisch herum. Schließlich musste er ihm Einhalt gebieten. »Ernst! Bring mir meine Arbeit nicht durcheinander, was suchst du denn?«, fragt er.

»Den Entwurf vom Gefahrenzonenplan. Wo ist er?«

»Im Kasten. Eingesperrt. Wegen Gefährdung der öffentlichen Ordnung. Der Hauser war nämlich einmal bei mir und hat mit allen Mitteln probiert, etwas über den Plan zu erfahren. Irgendwie muss er spitz gekriegt haben, dass der Machinski uns einen Vorschlag präsentiert hat. Entweder weil der Jonavic überall herumbohrt und das Dorf durchlöchert, oder weil die Vermesserinnen die Grundstücksgrenzen umgraben. Jedenfalls war er im höchsten Grade alarmiert und drohte mir mit Konsequenzen, wenn ich ihn nicht einweihen würde.«

»Mit welchen denn?«, fragte der Geologe amüsiert.

»Das war nicht lustig. Ich hatte richtig Angst vor ihm. Er musste gar nicht konkreter werden, mir reichte seine Andeutung.«

Mittlerweile lag auch der Gefahrenzonenplan auf dem Schreibtisch und der Geologe klatschte vor Freude in die Hände.

»Sieh dir mein Untersuchungsergebnis an! Es ist ziemlich genau das Gegenteil von dem, was der Jonavic behauptet«, jubelte er.

»Das war bei euch beiden noch nie anders«, bemerkte der Bürgermeister trocken.

»Rudi, das verstehst du nicht. Schau, das hier ist meiner Meinung nach rote Zone.«

»Und darüber soll ich mich freuen? Dort stehen das lädierte Haus vom Stadler und einige andere Gebäude.«

»Ja, das schon«, räumte der Geologe ein, »aber gerade dort vermutete der Jonavic einen stabileren Untergrund. Während er im Rohrmoos und beim Hauser generell ein Bauverbot verhängen wollte. Und genau hier haben die Vermesser keine Anzeichen von Bewegung gefunden. Von natürlicher Bewegung, jedenfalls.«

»Sag nur, es gibt auch künstliche.«

»Die *Hausersche Angstbewegung* zum Beispiel, die beträgt zwei Zentimeter pro Jahr«, sagte der Geologe und wartete genüsslich ab, bis der Bürgermeister ihn bat, sich zu erklären. Dann erzählte er die Geschichte von den bergwärts versetzten Grenzpunkten und den ausgerissenen Nägeln.

»Und vor so einem fürchtest du dich!«, lachte der Geologe.

Der Bürgermeister ging auf den letzten Satz nicht ein, sondern fragte den Geologen, ob er glaube, mit den Grenzpunktvermessungen auch den Machinski überzeugen zu können.

»Das kommt darauf an, welche Ergebnisse der Jonavic von seinen Bohrungen liefern wird. Weißt du, wie weit er schon ist?«

»Keine Ahnung. Aber solange Wasser aus dem Bohrloch bei der Ida dringt, können sie nicht weitermachen.«

»Das rinnt noch immer? Seit über drei Wochen?«

»Ja, aber der Druck sei mittlerweile stark abgefallen.«

»Hoffentlich bloß der Druck«, sagte der Geologe und knetete nachdenklich seinen Bart.

*

Als Ida in der Früh erwachte, war das Bett neben ihr kalt. Ihr Mann hatte, wie so oft in seinem Berufsleben als Fernfahrer, das Haus in der Nacht von Sonntag auf Montag verlassen müssen. Sie ging ins Bad und betrachtete sich im Spiegel. Ihr Gesicht war geprägt vom Faltenwurf des Kissens. Hastig öffnete sie den Alibert. Der Türflügel mit ihrem gespiegelten Antlitz sprang ihr entgegen, als wolle er ihr eine Ohrfeige erteilen, dann klappte er bis zum Anschlag zur Seite und federte zurück. Die Erschütterung ließ die unzähligen Cremedöschen und Parfumflacons klirren. Einige stürzten ins Waschbecken und zerbrachen.

»Diese Woche fängt ja gut an«, sagte sie zu sich selbst und putzte die Scherben weg. Dann stieg sie in die Badewanne und stand mit beiden Füßen in einer kalten Lacke.

»Jetzt ist auch noch der Abfluss verstopft«, ärgerte sie sich und wäre am liebsten zurück ins Bett gekrochen. »Aber ich werde den Alois anrufen, vielleicht kann er helfen«.

Dieser tröstliche Gedanke und das heiße Wasser munterten sie ein wenig auf. Als sie sich nach der Dusche abtrocknete und einen letzten, bösen Blick auf den Abfluss warf, stutzte sie. Das Wasser kam gar nicht zu ihm hin. Es sammelte sich in einer Wannenhälfte zu einem kleinen, flachen See. Ida bückte sich, tauchte ihren Zeigfinger in die Lache und zog eine nasse Spur zum Abflussloch. Die dünne Wasserader lebte kurz auf und zerfiel dann in einzelne Tropfen. Das Wasser wollte partout nicht abrinnen. Ida saugte das widerspenstige Nass mit einem Lappen auf und ging in die Küche.

»Herrgott, wie sieht es denn hier aus!«, rief sie überrascht. »Heute hat es ihm wohl pressiert.«

Ida schob die Besteckschublade zu und schloss die offenen Kastentüren. Während sie den Kaffee aufstellte, kroch der Rollwagen, in dem sie große Flaschen wie Essig und Öl verstaut hatte, langsam wieder heraus und schob sich lautlos in den Raum. Als Ida sich umdrehte und die Milch aus dem Kühlschrank holen wollte, trat sie mit dem bloßen Fuß dagegen und prellte sich die Zehen. Vor Schmerz schossen ihr Tränen in die Augen; sie hüpfte auf einem Bein zum Tisch und ließ sich auf einen Stuhl fallen.

»Heute ist wirklich nicht mein Tag«, murmelte sie verstört und wartete, bis das Pochen in den Zehen verebbte. Schweißperlen glänzten auf ihrer Oberlippe. Sie stand auf, humpelte zum Fenster, öffnete die beiden Flügel und hakte die Läden los. Die schweren Rahmen mit den Holzlamellen schwangen ins Freie, als hätte eine Geisterhand sie von außen gepackt und aufgerissen. Ida verlor das Gleichgewicht und musste sich in der Blumenkiste abstützen. Geranien knickten, retteten sie aber vor dem Sturz in den Garten. Erschrocken richtete sich Ida auf. Da schlug ihr ein Fensterflügel ins Kreuz.

Einen Moment schwankte sie zwischen Schreien oder Lachen. Aber aus Mangel an Zuhörern blieb sie äußerlich ganz ruhig, als wäre nichts geschehen. Sie starrte in den Garten hinab, auf das blumengeschmückte Grab ihres Rex, auf die Gartenmauer und die taunasse Wiese dahinter. Dann blieb ihr Blick an dem hässlichen Rohr hängen, aus dem seit Wochen das Wasser quoll. Ein sumpfartiger Morast hatte sich ringsum gebildet, ein abendlicher Treffpunkt für quakende Frösche.

Im Augenblick herrschte jedoch Totenstille. Ida stand lange am offenen Fenster. So lange, bis der innere Aufruhr, dieses Gefühl, dass irgendetwas reißen oder platzen müsse, in ihr nachließ und sie den Druck des Fensterflügels im Kreuz wieder wahrnahm. Das Gurgeln und Zischen der Kaffeemaschine holte sie endgültig in den Alltag zurück.

Sie schenkte sich eine Tasse ein, schob den Rollwagen zu und setzte sich an den Tisch. Während sie vorsichtig an dem heißen Getränk nippte, blätterte sie die Zeitung durch. Ein Scheppern ließ sie auffahren: Schon wieder der Fensterflügel. Irgendwo musste offen sein, vermutete Ida, dass es so zog. Seltsamerweise verspürte sie keinen Lufthauch.

Aber über diesen Widerspruch wollte sie nicht nachdenken, sondern widmete sich wieder dem Studium der Todesanzeigen, wie jeden Morgen. Da nahm sie aus den Augenwinkeln plötzlich eine Bewegung wahr. Rasch blickte sie zum Rollwagen hin. Seine Frontseite war nicht mehr bündig mit dem Geschirrspüler sondern stand ein wenig vor. Ida fixierte mit den Augen den schmalen Spalt, der sich da auftat, aber sie konnte nichts erkennen. Wahrscheinlich habe ich ihn vorhin nicht ganz geschlossen, beruhigte sie sich. Trotzdem blieb eine seltsame Nervosität in ihr bestehen und ließ ihren Blick unstet zwischen den Todesanzeigen und dem Rollwagen schweifen. Mit jedem Hinsehen schien sich der Spalt vergrößert zu haben. Irgendwann ließ es sich nicht mehr leugnen. Der Rollwagen wagte sich immer weiter in die Küche vor. Nur die Mechanik am Ende der Führungsschiene hielt ihn letztendlich davon ab, den Raum zu durchqueren. In Ida keimte ein schrecklicher Verdacht. Alles was sich in Bewegung setzen konnte, strebte offensichtlich in Richtung Garten. Jeder Fingerzeig deutete auf dieses Bohrloch hin. Um sich Gewissheit zu verschaffen, machte Ida ein Experiment, das sie sich selbst noch vor zwei Stunden nie zugetraut hätte. Sie leerte kurzerhand die restliche halbe Tasse Kaffee auf den Küchentisch und sah zu, über welche Kante die braune Flüssigkeit floss und auf den Boden tropfte. Nun wusste sie Bescheid.

Kurz darauf läutete sie bei der Nachbarin. Die öffnete mit einem Holzkeil in der Hand, den sie soeben aus dem Heizkeller geholt hatte. Ihre Wohnzimmertüre würde immer zufallen, klagte sie. Der Kaffeetest erübrigte sich. Beide Frauen gingen zusammen zu den Nachbarn am anderen Ende der Zufahrt. Bei denen verhielten sich zwar die Türen und Schubladen noch so wie es sich gehörte, aber der Kaffeetest – nun mit Wasser vollzogen, zeigte eine klare Tendenz in Richtung Bohrloch.

Der Bürgermeister wurde daraufhin zu Idas Haus zitiert. Als er am Telefon um Aufschub bat, weil er sich in einer wichtigen Besprechung mit den beiden Geologen und dem Sektionschef der Zivil- und Katastrophenschutzbehörde befinde, wurde ihm gesagt, dass er die Herren gleich mitbringen solle.

Wie ein Tribunal standen die Bewohner der vier betroffenen Gebäude um den Küchentisch mit dem verschütteten Kaffee und erwarteten die Delegation aus dem Gemeindeamt. Der Hauser Alois, den man geholt hatte, um die Neigung von Idas Fußboden zu bestimmen, hielt eine zwei Meter lange Setzlatte in der Hand, als wäre sie eine Waffe.

Es läutete und kurz darauf betraten der Bürgermeister und der Geologe vom Land den Raum, gefolgt vom Hofrat Machinski und in einem deutlich größeren Abstand dessen Geologe Jonavic.

Der Hauser wollte den Sachverhalt darlegen, aber Ida schnitt ihm das Wort ab. Sie zeigte demonstrativ auf den Küchentisch und sagte: »Hier haben Sie die Bescherung, meine Herren!«

»Sollen wir Kaffeesud lesen?«, witzelte der Landesgeologe und kassierte dafür einen Rippenstoß vom Bürgermeister.

»Mein Haus steht schief. Wegen dem da«, fuhr Ida in der Anklage fort, ohne auf Ernsts Bemerkung einzugehen, und deutete zu Jonavic.

Hofrat Machinski trat vor seinen Geologen und bat darum, erst die genauen Umstände erläutert zu bekommen, bevor man Anschuldigungen erhebe.

Jetzt war der Hauser am Zug. Er brachte die Setzlatte in Anschlag, sodass sie waagrecht von seiner Schulter aus Richtung Garten zielte. Dann senkte er sie vorne um einen halben Meter ab und sagte: »Zwölf Zentimeter Neigung weist dieses Haus auf. Zwölf Zentimeter! Das entspricht eineinhalb Prozent Gefälle. Die Nachbargebäude sind weniger stark gekippt. Aber wenn dieses Rohr dort unten weiterhin Wasser aus dem Boden leitet, dann wird es wohl nicht dabei bleiben.«

»Moment«, warf hier Jonavic ein. Sein Gesicht zeigte eine gelassene Überheblichkeit, nur seine roten Ohren verrieten seine innere Erregung. »Hier werden geologische Thesen von Laien formuliert. Dagegen verwehre ich mich. Ein Zusammenhang zwischen der Ableitung des gespannten Wassers und einem Kippen der Häuser ist weder zwingend noch richtig. Vielmehr sehe ich meine Vermutung bestätigt, dass diese Wohnhäuser auf der Bruchlinie der Hangrutschung stehen und sich infolgedessen talwärts neigen.«

Wütender Protest der Hausbesitzer war die Antwort. Alle sprachen gleichzeitig davon, dass bis vor ein paar Tagen niemand auch nur den geringsten Schaden an seinem Haus zu beklagen hatte, welches vor über einem Jahrzehnt erbaut worden war.

Das besage gar nichts, schmetterte Jonavic die Argumente ab. Im Gfäll sei Jahrhunderte lang alles ruhig geblieben und dann habe sich der Hang plötzlich in Bewegung gesetzt, ohne dass auch nur ein einziges Loch gebohrt worden sei. Die Anschuldigungen seien einfach lächerlich.

Und der zeitliche Zusammenhang, fragte Hauser empört und fuchtelte gefährlich mit der Setzlatte. Und die Richtung der Neigung zum Rohr hin?

Mit seinen kräftigen Armen hinderte der Bürgermeister den Bauunternehmer daran, die Setzlatte dem Jonavic wie eine Lanze auf die Brust zu setzen.

Der Geologe zuckte mit den Achseln und tat diese Tatsachen als Zufälle ab. »Beweise sind das jedenfalls keine.«

Hofrat Machinski schob seinen Geologen zur Seite und trat dem Hauser entgegen. »Meine Damen und Herren«, sagte er mit fester Stimme, um den Tumult zu übertönen. »Meine Damen und Herren, ich bitte Sie! Im Streit werden wir diese Angelegenheit nicht klären. Ich schlage vor, die Vorfälle untersuchen zu lassen. Sollte sich herausstellen, dass tatsächlich ein Zusammenhang zwischen der Verkippung der Häuser und unserer Bohrung besteht, so werden wir Sie selbstverständlich angemessen entschädigen.«

»Und wer soll diese Untersuchungen machen?«, fragte der Hauser skeptisch. »Doch nicht Ihr Geologe? Damit würden Sie den Bock zum Gärtner machen! Ich schlage den Landesgeologen vor.«

»Den lehne ich wegen Befangenheit ab!«, protestierte Jonavic hinter dem Rücken von Machinski.

»Wir werden schon jemanden finden«, mischte sich der Bürgermeister ein. Allerdings wurde ihm beim Gedanken an einen dritten Geologen angst und bang.

Der Landesgeologe, der bislang geschwiegen hatte, meldete sich zu Wort: »Alois, dein Vertrauen ehrt mich. Aber ich möchte diese Aufgabe nicht übernehmen. Da muss jemand her, der wirklich unparteiisch ist. Im Vorfeld würde ich allerdings gerne die Vermesser beauftragen, die Gebäude ab sofort zu überwachen, um herauszufinden, ob die Verkippung fortschreitet. Weiters schlage ich vor, die Ableitung des Wassers zu stoppen. Vielleicht kann man mit Hilfe von Pumpen den unterirdischen Druck wieder aufbauen.«

»Wozu soll das gut sein?«, widersprach der Jonavic. »Damit unterstellen Sie bereits einen Zusammenhang, der erst bewiesen werden muss!«

»Ich möchte keine Option ausschließen. Aber null Komma acht Bar Wasserdruck war eine starke Kraft. Die stemmte sich mit achttausend Kilogramm pro Quadratmeter von unten gegen die Häuser. Wenn die plötzlich wegfällt –«

»Was Sie hier in den Raum stellen, ist eine glatte Vorverurteilung!« Jonavic verlor seine kühle Beherrschtheit. »Sie wissen genau so gut wie ich, dass eine Gesteinsschicht acht Tonnen locker wegsteckt.«

»Gesteinsschicht?«, fragte der Landegeologe verwundert, »Hab' ich nicht vorhin etwas von einer rutschenden Mergelmasse vernommen, die angeblich Schuld an der Schieflage der Bauwerke trägt?«

Alois Hauser applaudierte spontan, indem er mit der flachen Hand auf die Setzlatte klatschte und Jonavic verließ wutschnaubend Idas Haus. Der Sektionschef Hofrat Machinski entschuldigte sich und eilte seinem Geologen hinterher.

Der Bürgermeister sah den beiden nach und sagte dann zu Ernst: »Ich glaube, unsere angefangene Besprechung zum Gefahrenzonenplan wird heute nicht mehr fortgesetzt.«

*

Die Vermesserinnen kamen und brachten an allen Ecken und Gebäudevorsprüngen massive Bolzen an. »Mauer-piercing«, lachte die eine Frau und setzte die schwere Akkubohrmaschine an, während ihre Gehilfin die Löcher reinigte und die Bolzen mit einem Klebemörtel darin befestigte.

Alois Hauser wurde vom Bohrlärm an sein Bürofenster gelockt. Als er die beiden Frauen erkannte, schüttelte er verdrießlich den Kopf. Letztes Mal die Spitzhacke, heute eine Schlagbohrmaschine; war diesen weiblichen Händen eigentlich nichts heilig? Er war grundsätzlich nicht gegen die Kombination von Frauen und technischem Gerät. Der Pirelli-Kalender, den seine Arbeiter in der Werkstatt aufgehängt hatten, gefiel ihm außerordentlich gut. Aber den Anblick einer langbeinigen Frau, die mit einer Schlagbohrmaschine arbeitete, fand er obszön. Mit einem lauten Ratsch ließ er den Rollladen heruntersausen.

Am nächsten Tag kamen die Vermesserinnen wieder und maßen die Bolzen mit einem Nivelliergerät ein. Sie behaupteten, damit die Höhe der Bolzen auf Zehntelmillimeter genau bestimmen zu können. Ida berichtete im Gegenzug von ihrem Kaffeetest, den sie täglich wiederholen würde. »Mit Wasser natürlich«, räumte sie ein, »aber ebenfalls hoch präzis.« Sie deutete aus der Fließgeschwindigkeit, dass die Verkippung in den letzten Tagen nicht zugenommen habe.

Das zweite Nivellement einen Monat später bestätigt Idas Interpretation. An der Schräglage der Häuser hatte sich nichts mehr verändert.

*

Der Stadler hatte weniger Glück. Sein Gebäude wurde, wie es der Landesgeologe prophezeit hatte, von der Hangbewegung allmählich zerrissen. In den Wänden klafften Spalten, Leitungsrohre brachen, Kabel wurden abgetrennt. Ein Sachverständiger von der Prosperita-Versicherung kam und diagnostizierte einen Totalschaden, der sehr wahrscheinlich auf mangelhafter Bauausführung beruhte. Er ließ sich die Baupläne und das geologische Gutachten aushändigen und sagte dem Stadler, dass er bald mit der Auszahlung der Versicherungssumme rechnen könne. Prosperita würde sich das Geld über einen Regress an der Baufirma zurückholen.

Jodok Stadler spielte in dem ganzen Verfahren keine Rolle mehr. Er konnte den Bauunternehmer Hauser nur vorwarnen. Alois reagierte erstaunlich gelassen.

»Prosperita?«, fragte er, als hätte er den Namen der Versicherung nicht verstanden. Jodok nickte.

»Die sollen sich nur an mir schadlos halten«, lachte Alois. »Ich habe nämlich eine Haftpflichtversicherung für alles, was ich im Zuge meiner Bautätigkeit anrichte.«

»Dann ist ja gut«, sagte Jodok erleichtert.

»Ob es gut ist, weiß ich allerdings nicht. Aber das soll nicht unsere Sorge sein. Dafür bin ich ja versichert. Bei Prosperita!«

Alois lachte schallend über Jodoks verdutztes Gesicht.

»Du bist bei der gleichen Versicherung?«

»Ja! Die darf sich jetzt in den eigenen Schwanz beißen«, freute sich der Bauunternehmer.

*

Ende Herbst kamen die Vermesserinnen wieder. Der Wetterbericht hatte einen frühen Wintereinbruch angekündigt. Die Bolzen an den Häusern sollten nochmals kontrolliert werden, bevor eine Schneedecke die Vermessung behindern würde.

Das Ergebnis war unerwartet. Zumindest für die Vermesserin. Sie beriet sich mit ihrer Gehilfin, justierte das Messgerät neu und wiederholte die Messung. Mit demselben Resultat. Anstelle von Setzungen waren Hebungen aufgetreten. Einige Bolzen, besonders die an den Vorderfronten der Gebäude, lagen rund einen Zentimeter höher als bei der ersten Messung.

»Wie soll ich das im technischen Bericht erklären?«, fragte sich die Vermesserin.

Ida, die schon gespannt auf das Ergebnis gewartet hatte, trat an die ratlos wirkenden Frauen heran. »Stimmt etwas nicht?«, wollte sie wissen.

»Schwer zu beurteilen«, antwortete die Vermesserin, »Vielleicht haben wir einen Fehler gemacht. – Obwohl, bei der Kontrolle kam dasselbe heraus. Um es auf den Punkt zu bringen: Laut unserer Messung sind die Häuser angehoben worden.«

»Toll!«, freute sich Ida und klatschte begeistert in die Hände. »Vielleicht werden sie wieder gerade!«

»So groß sind die Werte nicht«, wandte die Vermesserin ein, »nur etwa ein Zentimeter. Aber selbst den kann ich mir nicht erklären.«

»Wieso?«, fragte Ida, »Das ist doch sonnenklar. Die haben Wasser hineingepumpt und den Hohlraum wieder aufgeblasen.«

Die Vermesserin verstand nicht. Erst als Ida auf das Rohr unterhalb der Gartenmauer zeigte und die ganze Geschichte lang und breit erzählte, sah sie den Zusammenhang, der für Ida so offensichtlich war.

»Davon habe ich nichts gewusst«, sagte die Vermesserin, »ich glaubte, es gehe um Setzungen, die von der Hangrutschung ausgelöst worden sind.«

»Hier rutscht nichts!«, behauptete Ida. »Jedenfalls war alles ruhig, bis dieses verdammte Rohr in den Boden gerammt wurde.«

Die Vermesserin konnte ihre Bestürzung nicht verbergen. Da gab es in diesem von Naturkatastrophen heimgesuchten Dorf eine kleine Siedlung, die bis jetzt von allem Unbill verschont geblieben war und dann brachte eine geologische Untersuchung die Häuser zum Kippen. Eine Untersuchung, angestrebt von einem Geologen, der nachweisen wollte, dass das Gebiet ebenfalls gefährdet sei. Mit Erfolg – für den Geologen.

»Das ist ja eine unglaublich groteske Geschichte«, sagte die Vermesserin. »Aber dafür werden Sie wohl Schadenersatz bekommen.«

»Nein, eben nicht!«, rief Ida. »Der Geologe streitet jeden Zusammenhang ab. Das seien bloß zeitliche Zufälle, behauptet er. Aber Sie haben soeben den Beweis geliefert, deshalb freue ich mich so!«

Ida freute sich zu früh. Eine Messung galt dem Jonavic nicht als Beweis. Er bestand auf einer zweiten Kontrollmessung im Frühjahr, nach der Schneeschmelze. Dann werde man weitersehen.

*

Der Winter brach mit unerhörter Heftigkeit über das Land herein. Eine dicke Schneedecke begrub all die Wunden der Hangrutschung unter sich. Die Gräben, die Bohrlöcher, die versetzten Grenzsteine, die Bolzen in den Hauswänden. Selbst über den klaffenden Spalt in Stadlers Dach spannte sich eine weiße Brücke. Die Kühe standen in geheizten Ställen, die Streitigkeiten um die Weidegrenzen waren auf Eis gelegt.

Urlauber ließen sich unter dem Gebimmel kleiner Glöckchen auf Pferdeschlitten durch das Idyll ziehen, Langläufer drehten unablässig ihre Runden. Schneeschuhwanderer kehrten nach der Eroberung des Feuerkogels im Enzian auf einen Glühwein ein und konnten sich nicht vorstellen, welch rohe Gewalt einst im Boden unter der weißen Daunendecke geschlummert hatte. Ohne Annas Fotoalben hätte ihr niemand Glauben geschenkt. Die Landschaft hüllte sich in unschuldiges Weiß.

Zu Silvester meldete sich Katja beim Gottlieb. »Alles Gute fürs neue Jahr!«, rief sie unbefangen ins Telefon, als ob kein monatelanges Schweigen zwischen ihnen läge. Gottlieb freute sich so sehr über ihre Stimme, dass er vergaß zu fragen, weshalb sie sich nicht früher gemeldet hatte. Die Idee, selbst einmal anzurufen, war ihm nie in den Sinn gekommen.

Sie unterhielten sich über belanglose Dinge wie das Wetter und den Schnee. Dann stellte Gottlieb ihr die Frage, die seit ihrer letzten Begegnung in ihm gebohrt hatte.

»Sag Katja, könntest du dir vorstellen, etwas anderes zu machen als jetzt? Etwas ganz anderes?«

»Warum, was meinst du?«

»Vielleicht etwas mit Tieren, oder so.«

Katja schwieg, weil sie verstand, worauf Gottlieb hinauswollte. Die ehrliche Antwort, dass sie keine Bäuerin werden wollte, hätte unweigerlich die dünne Verbindung zwischen ihnen gekappt. Sie log daher, dass sie sich darüber noch keine Gedanken gemacht habe und fragte nach seinem Hausbau. Der Ball lag wieder bei ihm.

Gottlieb gestand, dass der Bauantrag aus geologischen Gründen abgelehnt worden war. Er suche nun einen Hof, den er kaufen oder mieten wolle. Im Moment beteilige er sich an der Versteigerung eines alten Bauernhauses in der Parzelle Krähenberg. Seine Chancen stünden nicht schlecht, da der Besitzer nur an Einheimische verkaufen wolle. Und er, Gottlieb, sei in Scheiblegg der einzige Interessent. »Es muss einiges renoviert werden«, sagte er abschließend, »aber vor dem nächsten Winter könnte ich dort einziehen. Kommst du mich besuchen? Der Marmorgugelhupf wartet immer noch auf dich.«

Im Sommer fahre sie wahrscheinlich nach Scheiblegg, antwortete Katja unverbindlich, und bringe eine Überraschung mit. Wenn diese bis dahin fertig sei.

»Hat die Überraschung mit mir zu tun?«, fragte Gottlieb in unbestimmter Erwartung.

»Auch, ja. Du steckst sogar in ihr drin!«

Mehr wollte Katja nicht verraten.

*

Der Bürgermeister erhielt einen unerwarteten Anruf. Der Leiter der Prosperita-Versicherung war am Apparat.

»Wir kennen uns schon, Herr Reiter«, eröffnete er das Gespräch. »Sie erinnern sich gewiss an das Gasthaus Enzian; damals sind wir Ihnen kulanterweise sehr entgegengekommen.«

»Ja, natürlich erinnere ich mich. Aber das ist Jahre her, deshalb rufen Sie nicht an, oder?«

»Nein. Diesmal geht es um einen anderen Schadensfall. Dort liegt die Sache etwas komplizierter.«

»Spielen Sie auf das Haus vom Stadler an? Was soll daran kompliziert sein? Das ist doch eindeutig ein Totalschaden aufgrund der Rutschung.«

Der Schaden stünde außer Streit, sagte der Leiter der Prosperita-Versicherung. Es ginge um die Verantwortung. Die könne man nicht einfach der Rutschung in die Schuhe schieben.

Oh je, dachte der Bürgermeister, jetzt geht es dem Hauser an den Kragen. Aber es kam anders.

»Sie haben das geologische Gutachten für den Bauantrag in Auftrag gegeben. Darf ich fragen, warum?«

»Weil ich wusste, dass der Bauplatz an einer heiklen Stelle lag und da musste ich mich absichern.«

»Sie wussten also von der Hangrutschung.«

»Ja, natürlich. Ich bitte Sie, was soll diese Frage? Bin ich in einem Verhör?«

»Sehen Sie, Herr Reiter, es geht um Folgendes: Im Gutachten von Dr. Gütl steht vieles drin, von einer bedrohlichen Hangrutschung finden Sie jedoch kein Wort. Es werden zwar die Winkelstützmauer und andere Baumaßnahmen empfohlen, aber den dezidierten Hinweis auf die Gefährdung durch die Hangrutschung sucht man vergeblich. Daher hat der Bauunternehmer Hauser die vorgeschriebenen Maßnahmen durch ähnliche, im Normalfall ebenso wirksame Vorkehrungen, ersetzt. Hätte er von der Rutschung gewusst, wäre ihm klar gewesen, dass Piloten in diesem speziellen Fall nicht geeignet sind, das Gebäude zu stützen. Aber, wie gesagt, weder im Gutachten noch in der Baubewilligung stand etwas über die Hangrutschung.«

»Das ist doch ein Witz!«, empörte sich der Bürgermeister. »Jeder hier im Dorf lebt seit Jahrzehnten mit dem Wissen über die Bedrohung durch die Rutschung.«

»Der Bauunternehmer Hauser wusste nichts davon.«

»Aber –«

Der Leiter der Prosperita-Versicherung fiel ihm ins Wort. »Lassen Sie mich erklären, worauf unser Verfahren hinausläuft. Wir werden dem Stadler die volle Versicherungssumme ausbezahlen. Keine Frage. Im Regressweg wird sich die Prosperita-Versicherung an der Baubehörde, also an der Gemeinde, schadlos halten, weil die Baugenehmigung nicht auf diese Art und Weise hätte erfolgen dürfen. Sie, als Bürgermeister, tragen die Verantwortung dafür.«

»Aber –«

»Warten Sie noch einen Moment, ich möchte Ihnen einen

Tipp geben. An ihrer Stelle können Sie die Verantwortung auf den Geologen Dr. Gütl abwälzen. Mit seinem – entschuldigen Sie bitte den Ausdruck – *Gefälligkeitsgutachten*, kommt er bei Gericht niemals durch. Auf Wiederhören.«

Der Bürgermeister hielt das Telefon noch lange in der Hand, bis das Tüt Tüt Tüt seine Gedanken durchbrach und er den Hörer auf die Gabel knallte. Er atmete tief durch, lehnte sich zurück und starrte an die Decke. War das nun der Lohn seiner Arbeit, seines Einsatzes? Wurde er für seine Gutmütigkeit jetzt vor Gericht gezerrt oder zur Kassa gebeten? Regress an Dr. Gütl – so ein Blödsinn! Er hatte ja selbst um ein positives Gutachten ersucht, weil der Stadler sonst wieder die Presse auf ihn gehetzt hätte! Der Landesgeologe würde sagen, ich habe dich gewarnt, lieber Rudi. Lass dich nicht erpressen.

Warum hatte der Leiter der Prosperita-Versicherung vorhin den Enzian erwähnt? Der Bürgermeister versuchte sich an die Einzelheiten des Vorfalls zu erinnern. Mit Kulanz hatte die Zahlung der Versicherung damals wenig zu tun. Ehrlicherweise musste er sich eingestehen, dass er mit Hilfe der Medien und der Öffentlichkeit die Prosperita-Versicherung gezwungen hatte, die gesamten Kosten für die Renovierung, einschließlich der neuen Fremdenzimmer, zu übernehmen. Daher brauchte er sich über die Retourkutsche nicht zu wundern. Es war Rache.

*

Der Bürgermeister beraumte eine außerordentliche Sitzung des Gemeinderats an. Er hatte vor, alle Fakten offenzulegen und anschließend sein Amt zur Verfügung zu stellen. Sollte doch der Hauser Bürgermeister sein, es war ihm egal.

Alle sieben Gemeindevertreter erschienen, neugierig, was mitten im Winter so Dringendes anstehen konnte. Auch einige Bauern, Hausfrauen und andere Dorfbewohner kamen ins Gemeindeamt und nahmen auf den Zuhörerbänken Platz.

»Liebe versammelte Gemeinde«, fing der Bürgermeister zu sprechen an, ehe er bemerkte, dass er des Pfarrers Einleitung verwendete. Da niemand irritiert schien, fuhr er in seiner Rede fort. Er ließ die Ereignisse seit Beginn der Rutschkatastrophe im Gfäll vor fast neun Jahren Revue passieren. Erwähnte den Kampf um den Erhalt des Gasthofs Enzian und den Versicherungsstreit danach, über den er bislang geschwiegen hatte. Er berichtete über die Pläne der Katastrophen- und Zivilschutzbehörde, die im Gfäll ein Naturschutzgebiet oder eine Motocrossstrecke vorgesehen hatte. Schilderte den Besuch seines Schulkameraden Kaspar Bahl, der ihm die Freundschaft kündigen wollte, weil der Spaltenschluss so lange dauerte. Der Bürgermeister gab einen Überblick über die zähen Verhandlungen, die dem Wiederaufbau der Kapelle vorangingen. Ohne seinen Einsatz besonders hervorzuheben, zeichnete er ein Bild seiner Bemühungen im Interesse der Dorfbewohner. Er ließ auch nicht aus, wie sehr ihn damals der negative Zeitungsartikel getroffen hatte, der ihn als Schreibtischtäter verurteilte, weil er dem Stadler von einem Neubau abraten musste.

Er habe sich damals erpressen lassen, gestand der Bürgermeister, schließlich waren die Medien nicht die Einzigen, die gegen ihn hetzten. Auch andere im Dorf meinten, er sei ein Verhinderer und könne nichts zum Wohl der Dorfgemeinschaft umsetzen. Um das Gegenteil zu beweisen, habe er dem Stadler ein positives geologisches Gutachten besorgt, mit verheerenden Konsequenzen. Der Bürgermeister zitierte aus dem Telefongespräch mit der Prosperita-Versicherung und ein empörtes Raunen ging durch den Saal. Hauser hob die Hand, er wollte sich zu Wort melden, aber der Bürgermeister bat ihn zu warten. Mit der Begründung, dies sei leider noch nicht alles. Er holte einen großen Plan aus dem Schrank und klemmte ihn auf ein Flipchart, sodass jeder im Raum die farbigen Flächen sehen konnte.

»Das ist der neue Gefahrenzonenplan«, erklärte der Bürgermeister, »so wie ihn sich die Katastrophen- und Zivilschutzbehörde vorstellt.« Er legte die flache Hand auf die braunen Gebiete. »Dies alles«, sagte er, fuhr mit der Hand um das Dorfzentrum und erweiterte die Kreisbewegung bis zur Siedlungsgrenze und darüber hinaus,»dies alles wäre demnach Bauverbot.«

Ein paar Gemeindevertreter erhoben sich und wollten den Plan genauer betrachten. Der Bürgermeister stoppte sie. »Gleich«, sagte er, »ich bin gleich fertig.« Dann zählte er die Sitzungen auf, in denen er und der Landesgeologe mit dem Sektionschef Hofrat Machinski und dessen Geologe Jonavic über diesen Plan verhandelt hatten. Bislang ergebnislos. »Obwohl wir die Unterlagen aus der Grenzpunktvermessung vorlegen konnten. Aber gleichzeitig lieferten uns die Vermesser auch diese Daten.« Der Bürgermeister entrollte den Plan mit den vielen Pfeilen, die die Hangrutschung darstellten.

»Unterhalb des Dorfes hat sich die Bewegung deutlich erhöht. Die Beschleunigung betrifft leider auch das Gebiet rund um das Feuerwehrhaus. Deshalb hat der Jonavic so viele neue Bohrungen machen lassen. Er will Beweise zur Rechtfertigung des Bauverbots.«

»Liegt deshalb mein Antrag auf Eis?«, fragte der Hauser dazwischen.

»Genau das ist der Grund, Alois. Nicht, weil ich dir die Erweiterung nicht gönnen würde. Sondern weil ich im Moment nur negativ entscheiden dürfte.«

»Aber warum hast du uns den Plan nicht schon längst präsentiert?«

»Weil ich Angst hatte«, gestand der Bürgermeister. »Ich fürchtete, dass es angesichts dieser Bauverbotszonen einen Aufstand geben könnte und dass jeder Betroffene mich persönlich anflehen würde, ihm zuliebe etwas zu unternehmen; mit Hinweis auf die Freundschaft doch bitte eine Ausnahme zu machen. Viele halten einen Bürgermeister für mächtig. Mächtiger als das Gesetz. Das bin ich aber nicht. Ich hätte nichts anderes tun können als jetzt. Kämpfen für unser Dorf, für jeden Bauplatz, für unser Fortbestehen als Gemeinschaft.« Er machte eine Pause und sagte dann leise in die entstandene Stille hinein: »Und wenn jemand von Euch das Gefühl hat, er könne dies besser als ich, so stelle ich mein Amt gerne zur

Verfügung. Möge ihm mehr Erfolg beschieden sein.«

Der Bürgermeister ließ sich auf den Stuhl fallen. Es war ihm peinlich, dass er derart emotional geworden war und täuschte ein Niesen vor, um sein Gesicht in dem großen Sacktuch für einen Augenblick zu verbergen.

»Bist du amtsmüde?«, fragte der Hauser, nachdem das Schnäuzen verstummt war.

Der Bürgermeister kämpfte mit einem Frosch im Hals und schüttelte stumm den Kopf.

»Na, dann mach' doch bitte weiter! Du hast jedenfalls mein uneingeschränktes Vertrauen.«

»Meines auch«, erklang es gleichzeitig aus allen Richtungen. Einer begann zu applaudieren, andere fielen ein, schließlich erhoben sich alle Anwesenden von den Sitzen und skandierten »Rudi, Rudi« wie um einen Sportler anzuspornen. Keiner wollte diesen undankbaren Job übernehmen. Wenn es tatsächlich so war, wie der Bürgermeister soeben geschildert hatte, dann gab es Schöneres. Und sei es bloß das Stallausmisten.

Der Bürgermeister musste das Schnäuztuch neuerlich hervorholen. Er war von der Zustimmung überwältigt. Schließlich erhob er sich, befreite seine Stimmbänder durch lautes Räuspern und brachte trotzdem nur ein krächzendes Danke hervor.

»Danke«, wiederholte er und diesmal klang es besser, »danke. Ich hätte Euch früher einweihen sollen. Nur gemeinsam sind wir stark. In diesem Sinne bitte ich ebenfalls um Offenheit. Wendet Euch nicht an die Presse oder an einen Anwalt, sondern kommt erst zu mir. Dann kann ich Euer Anliegen vertreten und Euer aller Bürgermeister sein.«

Applaus brandete auf. Die Sitzung wurde für beendet erklärt.

*

Nach der Schneeschmelze wartete man im Gemeindeamt gespannt auf die neuesten Vermessungsergebnisse. Als die Pläne eintrafen, wurden sie im Gemeinderat diskutiert. Es gab keine

Geheimnisse mehr. Jeder Interessierte durfte sich selbst ein Bild machen und aus den Tabellen ablesen, um wie viele Zentimeter sich die Messpunkte rund um sein Grundstück bewegt hatten. Die vom Bürgermeister befürchtete Panik blieb aus. Es hatte den Anschein, dass es die Leute eher beruhigte, wenn sie die Zahlen kannten. Selbst wenn es sich um Bewegungsraten von sieben, acht Zentimetern im Jahr handelte.

Die vier Häuser, die sich im Herbst dem Bohrloch zugeneigt hatten, waren in unveränderter Schieflage geblieben. Die anfängliche Hebung hatte sich nicht fortgesetzt. Für den Jonavic ein Grund mehr, weiterhin jeden Zusammenhang zwischen der Verkippung und seinem Bohrloch abzustreiten.

Alois Hauser, mittlerweile engster Mitarbeiter des Bürgermeisters, strebte im Namen der Betroffenen eine Schadenersatzklage an. Ein Bekannter von ihm war Anwalt, der seine Dienste zu einem äußerst günstigen Tarif anbot. Das minimierte die Risiken eines Prozesses. Insgeheim hofften jedoch alle Beteiligten, dass die Katastrophen- und Zivilschutzbehörde sich außergerichtlich mit ihnen einigen würde. Wenn nur dieser Jonavic zu einem Schuldeingeständnis bereit wäre. Er müsste gar keine Schuld im eigentlichen Sinne übernehmen, sondern bloß den Zusammenhang zwischen Bohrung, Wasserableitung und Verkippung der Häuser als *möglich* anerkennen. Aber das ließ sein Geologenstolz nicht zu.

»Warte nur Bürschchen«, dachte sich der Hauser nach einer weiteren erfolglosen Unterredung mit dem Jonavic. »Dich werde ich Hochmut lehren!«

So kam es, dass der Hauser alle Landwirte von Scheiblegg bat, zu einem bestimmten Datum im Juni samt Traktor beim Gasthof Lindenbaum zu erscheinen. Er würde eine Runde ausgeben und ihnen einen Aktionsplan präsentieren. Über die Einzelheiten wolle er jeden bei Gelegenheit persönlich informieren.

An besagtem Tag kurvte Jonavic in seinem kanariengelben Wagen durch Scheiblegg und suchte seine Bohrlöcher auf, um Messungen vorzunehmen. Er startete seine Runde früh morgens, damit er am Nachmittag bei der Verhandlung über den

Gefahrenzonenplan die aktuellen Daten präsentieren konnte. Das machte er immer so, Hauser hatte ihn beobachtet. Kurz vor Mittag parkte der Geologe in einer Wiese unterhalb des Rohrmoos' und ging zu Fuß zu den Messstellen an der Ach hinab.

Hauser eilte zu Gottlieb Kirchbauer und bat um den Anhänger. »Es ist soweit«, sagte er. »In einer halben Stunde bin ich im Lindenbaum.« Dann kuppelte er das Güllefass an seinen Traktor und fuhr ins Rohrmoos hinab. Von weitem sah er das Kanariengelb leuchten. Hauser hatte keine Erfahrung mit der Schlauchspritze und musste das Zielen erst ausprobieren. Es gelang ihm recht gut, der Jauchestrahl schoss als stinkende Fontäne in hohem Bogen aufs Feld. Hauser brauchte nur den Traktor im richtigen Abstand an Jonavic Wagen vorbeilenken, um das Gelb auszulöschen. »Mein Gott, der hat die Fenster offen gelassen«, erkannte Hauser im letzten Augenblick. Er zögerte kurz, legte dann aber entschlossen den Hebel um und der gelbe Wagen verschwand unter dem braunen Vorhang.

Eine Viertel Stunde später schob er das leere Fass in Gottliebs Garage zurück und fuhr zum Lindenbaum. Er wurde mit Gejohle und stampfenden Füßen begrüßt.

»Eines muss ich gestehen«, versuchte der Hauser die Freude der anwesenden Bauern zu dämpfen. »Ich bin etwas zu weit gegangen.«

Alle Augen waren erschrocken auf ihn gerichtet. Was war geschehen? Ein Unfall?

»Er hatte die Fenster offen gelassen.«

Nun kannte die Schadenfreude keine Grenzen mehr. Sie klopften sich auf die Schenkel, dem Hauser auf die Schulter und mit der flachen Hand auf die Tische, dass die Bierkrüge hüpften. Hauser versuchte ernst zu bleiben und sich Gehör zu verschaffen.

»Das ist mutwillige Sachbeschädigung!«, rief er und das Gelächter brauste erneut auf. »Er wird Anzeige erstatten!«

»Wen will er denn anzeigen?«, fragte der alte Kirchbauer. »Uns alle?«

»Wenn mich einer von euch verrät, bin ich dran«, gab Hauser zu bedenken.

Eine knappe Stunde später betrat der Jonavic mit dem Bürgermeister und einem Polizisten im Schlepptau die Gaststube. Der Geologe war bleich und blickte feindselig in die ausgelassene Runde. Der Polizist forderte Ruhe ein und erklärte den Vorfall. Obwohl ausgemacht war, Erstaunen zu heucheln, konnten sich einige das Kichern nicht verhalten.

»Wer war es?«, fragte der Polizist. Natürlich meldete sich niemand.

»Seit wann seid ihr hier?«, fragte er weiter.

»Seit dem Vormittag«, antwortete der Kirchbauer. »Der Alois Hauser hat uns eingeladen, mit ihm sein Firmenjubiläum zu feiern. Dreißig Jahre, das ist ein Anlass. Zum Wohl. Auf unseren Loisl!«

Der Polizist wandte sich zu Jonavic und zuckte mit den Achseln. Für ihn war die Sache erledigt.

»Aber einer von ihnen ist es gewesen!«, zischte der Geologe erbost. »Sie müssen die Alibis überprüfen!«

»Eine Frage noch«, rief der Polizist in die Menge der sich zuprostenden Bauern. »Hat jemand diese Runde in den letzten zwei Stunden verlassen?«

»Niemand«, antwortete der Kirchbauer. »Wäre doch schade um dieses schöne Fest. Wir sitzen seit zehn Uhr beisammen. Das können alle hier bezeugen. A l l e.«

Der Polizist wandte sich an den vor Wut schäumenden Geologen und sagte mit Resignation in der Stimme, dass er zwar eine Anzeige gegen Unbekannt aufnehmen könne, aber viel Sinn sehe er darin nicht.

Jonavic verließ das Gasthaus. Er meldete den Anschlag auf sein Auto dem Hofrat Machinski und erklärte, dass er in Scheiblegg seines Lebens nicht mehr sicher sei. Noch am selben Tag kehrte er mit der Bahn ins Burgenland zurück. Seinen versauten Wagen ließ er von einer Firma abschleppen.

Der Bürgermeister knöpfte sich am nächsten Tag den Alois Hauser vor. Das sei keine gute Idee gewesen, warf er ihm vor. »Glaubst du, dass uns das in den Verhandlungen über den Gefahrenzonenplan auch nur ein Stück weiter bringt?«

»Mit dem Machinski allein kann man besser diskutieren«, entgegnete Hauser selbstbewusst. »Aber wenn zwei Geologen am Tisch sitzen, dann gibt's Ärger. Jetzt ist es bloß mehr einer. Und der Ernst stand immer auf unserer Seite.«

»Wir werden ja sehen, ob deine Rechnung aufgeht. Die auf gestern anberaumte Besprechung ist vorerst in den Herbst verschoben worden. Und damit auch die Entscheidung über deinen Bauantrag. Der Machinski sitzt am längeren Hebel, merk dir das!«

*

Im November, nach elf Monaten Funkstille, rief Katja beim Gottlieb an und wollte wissen, wie es ihm gehe und ob er seinen Hof ersteigert habe.

Schlecht, antwortete Gottlieb verbittert, die Versteigerung sei ein Betrug gewesen. Ein Ausländer habe den Hof gekauft, obwohl es geheißen hatte, nur ein Einheimischer würde den Zuschlag erhalten.

»Ein Deutscher?«, fragte Katja so vorsichtig und einfühlsam wie möglich.

»Nein, ein Taler.«

Katja hatte keine Ahnung, wo ein *Taler* einzuordnen sei und hakte nach.

»Einer aus Tal«, antwortete Gottlieb, »aus dem übernächsten Dorf.«

»Aber das ist doch kein Ausländer!«, lachte Katja.

»Als Einheimischer darf er sich jedenfalls nicht bezeichnen«, sagte Gottlieb trotzig.

»Was bin dann ich in deinen Augen? Nach deiner Definition falle ich wohl unter Marsmensch?«

Gerne hätte er geantwortet, dass sie für ihn eine Elfe sei,

eine feenhafte Erscheinung. Nicht in seine Welt passend. Unerreichbar. Stattdessen wich er aus und fragte nach der angekündigten Überraschung.

»Nächstes Jahr. Zum Jubiläum bringe ich sie mit.«

»Was für ein Jubiläum?«

»Zehn Jahre Hangrutschung Gfäll! Dazu wünsche ich mir deinen Marmorkuchen.«

*

Im Frühling bekam der Bürgermeister einen Anruf von Ländle News. »Wir kennen uns noch«, sagte eine angenehme, junge Frauenstimme und löste Erinnerungen an traurige, moosgrüne Augen aus.

»Ähm, es tut mir leid, dass ich Sie damals verdächtigt habe, in Scheiblegg nach Sensationen Ausschau zu halten. Ich befürchtete negative Schlagzeilen und habe wohl etwas zu heftig reagiert.«

»Schon vergessen«, sagte die Stimme freundlich. »Darf ich Sie heute ganz offiziell um ein paar Informationen bitten? Wir planen eine Rückschau über die Hangrutschung im Gfäll. Die wird dann am zehnten Jahrestag ausgestrahlt werden.«

»Ja, bitte. Womit kann ich dienen?«

Katja wollte wissen, ob die verrutschten Grundstücksgrenzen im Gfäll endlich fixiert worden seien, ob der Gefahrenzonenplan in der Zwischenzeit beschlossen sei, ob der Versicherungsfall Stadler geklärt sei und ob sich ein baldiges Ende im laufenden Prozess rund um die verkippten Häuser abzeichnen würde.

»Das sind viele Fragen auf einmal, liebes Fräulein. Aber ich kann sie allesamt mit vier Buchstaben beantworten: N E I N.«

Es entstand eine kurze Pause, dann fragte Katja ungläubig nach. »Wie, nein? Heißt das, dass die von mir aufgezählten Punkte alle offen sind?«

»Diesmal ist die Antwort noch kürzer: J A.«

Katja bedankte sich für dieses erstaunliche Interview und

hängte auf. Gleich darauf rief sie beim Gottlieb an und kündigte ihren Besuch für Pfingsten an.

»Bäckst du mir einen Marmorgugelhupf?«, fragte sie, »Mit Mandeln?«

»Nur, wenn du die Überraschung mitbringst!«

»Wie versprochen. Sie ist soeben fertig geworden.«

*

Als Katja und Gottlieb am Pfingstsonntag in seiner neu ausgebauten Wohnung saßen und herrlich flaumigen Marmorgugelhupf aßen, sagte sie: »Gottlieb, es freut mich sehr, dass du eine Lösung für dich gefunden hast.«

»Ja, zum Glück ist meine Schwester ausgezogen und ich konnte den ganzen Stock für mich haben. Und wenn der Vater einmal alt ist, haben wir nicht weit, um ihn zu pflegen.«

»Wir?«

Gottliebs Wangen wurden feuerrot. Er müsse ihr etwas gestehen, sagte er und senkte seine blauen Augen. Ein Mädchen aus der Nachbarschaft wolle Bäuerin sein. An seiner Seite.

Katja spürte einen kleinen Stich in ihrer Brust, als wäre etwas gesprungen, oder bloß eine Seifenblase geplatzt. Kein großer Verlust, das zerbrechliche Gebilde hätte nie Bestand gehabt. Aber sein Schillern hatte eine magische Anziehungskraft ausgeübt. Das war nun plötzlich vorbei.

»Aus uns beiden wäre ohnehin nie etwas geworden«, sagte sie und zwinkerte ihm verschwörerisch zu.

Gottlieb nickte erleichtert. Katja hatte ausgesprochen, was er von Anfang an geahnt und in den letzten Monaten sogar gehofft hatte. Weil er nicht wusste, ob man sich in so einer Situation nun gegenseitige Freundschaft versichern sollte, oder ob das zu abgedroschen klingen würde, fragte er spontan: »Kommst du zur Hochzeit?«

Katja blickte erst forschend in sein Gesicht, dann prustete sie los. Das wäre das ideale Happy End für die Katastrophe gewesen, erklärte sie dem verdutzten Gottlieb. Ein romantischer

Schlussstrich unter all die schrecklichen Ereignisse und persönlichen Tragödien.

Gottlieb wusste nicht, worauf sie anspielte. So schlimm hatte er die vergangenen Jahre nun auch wieder nicht empfunden. Zur Sicherheit fragte er nach: »Abschluss von was denn?«

»Meine Überraschung!«, sagte Katja und zog ein kleines Päckchen aus ihrer Tasche. Sie schob es Gottlieb hin. Dies sei die Geschichte der größten Hangrutschung Europas. Leider ohne befriedigenden Schluss, weil es selbst nach zehn Jahren viele ungelöste Probleme gebe. Das Einzige, das in diesem Zeitraum fertig geworden sei, schenke sie ihm: ihr Buch.

*

Hinweis
Im Gegensatz zu etlichen geologischen Elementen des Romans sind alle handelnden Personen frei erfunden. Sie existieren lediglich in der Phantasie der Autorin. Jede Ähnlichkeit mit lebenden Personen ist daher rein zufälliger Natur.

Dank
Mein herzlicher Dank gilt allen privaten und öffentlichen Förderern, ohne die die Drucklegung dieses Buches nicht möglich gewesen wäre.